BYWYD YN Y WLADFA

BYWYD YN Y WLADFA

Golygwyd gan Cathrin Williams

bwthyn
GWASG Y BWTHYN

© Cymdeithas Cymru-Ariannin
© Gwasg y Bwthyn

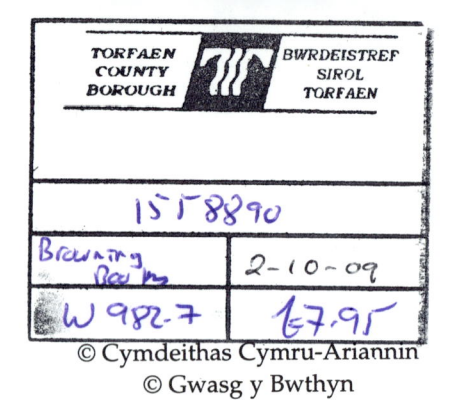

ISBN 978-1-904845-93-5

Cedwir pob hawl.
Ni chaniateir atgynhyrchu unrhyw ran o'r cyhoeddiad hwn na'i gadw mewn cyfundrefn adferadwy na'i drosglwyddo mewn unrhyw ddull na thrwy unrhyw gyfrwng, electronig, electrostatig, tâp magnetig, mecanyddol, ffotogopïo, recordio, nac fel arall, heb ganiatâd ymlaen llaw gan y cyhoeddwyr.

Mae'r cyhoeddwr yn cydnabod cefnogaeth ariannol
Cyngor Llyfrau Cymru

Cyhoeddwyd ac argraffwyd gan
Wasg y Bwthyn, Caernarfon

CYNNWYS

Rhagair 9

Ysgrifau:

1993 – De Powys: Llanelwedd 11
Pigion o Ddyddiadur Mis
   Arel Hughes de Sarda

1995 – Bro Colwyn 17
Ennill fy Mara
   May Williams de Hughes
   Irma Hughes de Jones
   Erie James

1997 – Meirion a'r Cyffiniau 39
Y Wladfa Heddiw
   Irma Hughes de Jones

1998 – Bro Ogwr 49
Ofergoelion
   Erie James

1999 – Môn 59
O'r Wlad i'r Dref: byw yn y Wladfa yn y 40au a'r 50au
   Arel Hughes de Sarda

2000 – Llanelli 65
Atgofion personol bywyd a gwaith
   Gweneira Davies
   de González de Quevedo

2002 – Sir Benfro, Tyddewi 77
Portread o fywyd tair cenhedlaeth o'r un teulu
   Esther Evans de Hughes

2003 – Maldwyn a'r Gororau 83
Eisteddfodau'r Wladfa
   May Williams de Hughes
   Gweneira Davies
   de González de Quevedo

2004 – Casnewydd a'r Cylch 101
Ymfudiad Cymry'r Wladfa i ymsefydlu mewn ardal
yn yr Ariannin
   Eilyw Pritchard

2005 – Eryri a'r Cyffiniau 114
Dygymod â'r elfennau yn y Wladfa
   Luned Vychan Roberts
   de González
   Gweneira Davies
   de González de Quevedo

2007 – Sir y Fflint a'r Cyffiniau 133
Olrhain hanes un teulu o'i gychwyn yn y Wladfa
hyd heddiw
   Gweneira Davies
   de González de Quevedo

2008 – Caerdydd a'r Cylch 150
Teithio yn y Wladfa
   Gweneira Davies
   de González de Quevedo

Geirfa 161

DIOLCHIADAU

I'r holl rai yn y Wladfa sydd wedi cystadlu dros y blynyddoedd

I bwyllgor Cymdeithas Cymru-Ariannin am eu gwahoddiad i olygu'r gyfrol

I'r Eisteddfod Genedlaethol am eu caniatâd i gyhoeddi'r ysgrifau

I'r Bnr. Elvey MacDonald am ei gefnogaeth a'i barodrwydd i edrych dros y teipysgrif

I Wasg y Bwthyn am eu hynawsedd ac i Malcolm am ei waith gofalus a'i gymorth siriol

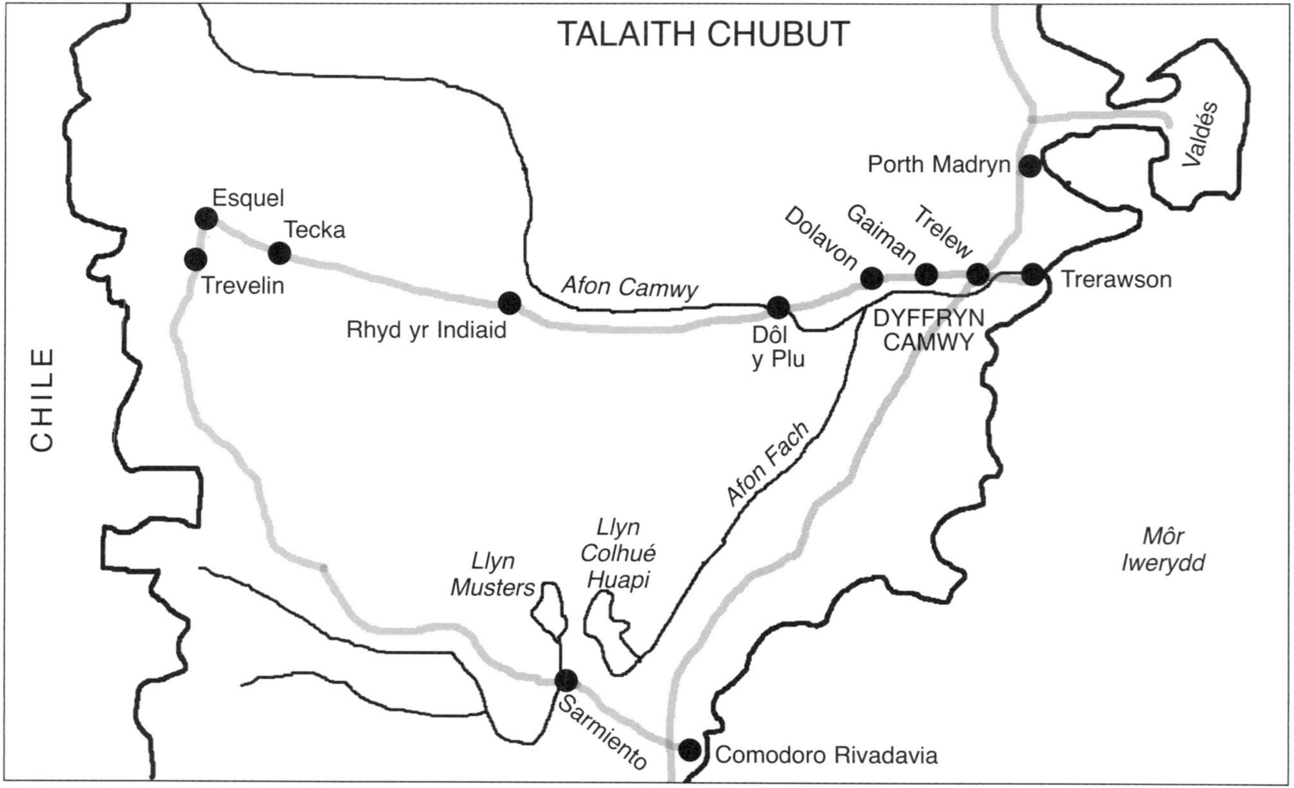
TALAITH CHUBUT
Valdés
Porth Madryn
Esquel
Tecka
Trevelin
Dolavon
Gaiman
Trelew
Trerawson
Afon Camwy
Rhyd yr Indiaid
Dôl
y Plu
DYFFRYN
CAMWY
CHILE
Afon Fach
Llyn
Colhué
Huapi
Llyn
Musters
Môr
Iwerydd
Sarmiento
Comodoro Rivadavia

RHAGAIR

Yn Eisteddfod Genedlaethol Caerdydd 1978 fe gynigwyd gwobr gan Gymdeithas Cymry Ariannin am gasgliad o atgofion am fywyd y Wladfa. Cystadleuaeth oedd hon ar gyfer y rhai hynny a aned ac a fagwyd yno ac oedd yn dal i fyw yno. Deil y gystadleuaeth yn ei bri ddeng mlynedd ar hugain yn ddiweddarach a'r un yw'r amodau.

Yn 1980 cyhoeddwyd ffrwyth y gystadleuaeth gyntaf mewn cyfrol o'r enw *Atgofion o Batagonia* a olygwyd gan R. Bryn Williams. Yn honno cafwyd gwaith chwech o bobl nad oes ond un ohonynt yn fyw heddiw. Yna, yn 1993 cyhoeddwyd ail gyfrol, *Byw ym Mhatagonia*, dan olygyddiaeth Guto Roberts a Marian Elias Roberts ble ceir detholiad o waith nifer o ymgeiswyr fu'n cystadlu rhwng y blynyddoedd 1980 a 1991.

Penderfynodd Cymdeithas Cymru-Ariannin ei bod yn bryd cyhoeddi cyfrol arall ac i mi y rhoddwyd y fraint o'i golygu. Ac mae hon yn fraint pan sylweddolir ein bod yn trafod gwaith gan rai na chawsant fawr ddim Cymraeg ond yr hyn a gafwyd ar yr aelwyd ac yn y capel, a'n bod bellach yn sôn am gyfnod pan nad yw'r gymdeithas agos mor Gymreig ag yr oedd yn nyddiau cynnar y gystadleuaeth. Golyga hyn fod yr ymdrech i ymchwilio, chwilota ac ysgrifennu gymaint â hynny'n anos ac yn golygu cryn lafur.

Gyda'r fraint o olygu daw cyfrifoldeb mawr gan fod nifer o gwestiynau'n codi. Y cwestiwn cyntaf yw beth y dylid ei gynnwys. Fy mhenderfyniad i, yn gam neu'n gymwys, oedd cadw at waith y rhai a gafodd y wobr gyntaf yn hytrach na dewis a dethol. Yr ail gwestiwn yw i ba raddau

9

y dylid golygu, yn yr ystyr o ymyrryd â'r testun, ac mae hwn yn gwestiwn pwysig iawn ac anodd ei ateb.

Fel y dywedwyd, ni chafodd y rhai a fu'n cystadlu fawr ddim addysg yn yr iaith Gymraeg ac o'r herwydd iaith lafar yw hi iddyn nhw a'u cyfle i'w hysgrifennu'n ddigon prin. O'r herwydd mae yna fanion sydd yn peri tramgwydd, fel y maent i ni yma'n aml, y manion fel pa lythrennau i'w dyblu, pryd i ddefnyddio *i, u* ac *y* a nifer o bethau eraill fel ffurfiau'r ferf. Fy mhenderfyniad i oedd cywiro fel y gwna unrhyw olygydd pan fo'n ymdrin â gwaith unrhyw Gymro ond, a hyn sy'n bwysig, gan gadw ffurfiau sy'n rhan naturiol o Gymraeg y Wladfa er yn ddieithr i ni. Doeddwn i ddim am funud am i'r darllenydd anghofio ble mae gwreiddiau'r ysgrifau hyn, a gwn yn iawn fod y naws Wladfaol yn gwneud y gwaith yn fwy deniadol i ni. Felly nid iaith lenyddol bur a geir yma ond Cymraeg naturiol rhai y mae'n wyrth ei bod yn dal i'w siarad a'i hysgrifennu.

Fe all y bydd rhai ohonoch yn teimlo ichi ddarllen ambell ysgrif o'r blaen a byddech yn llygad eich lle, gan i rai gael eu cyhoeddi yn y gyfrol *Agor y Ffenestri* a gyhoeddwyd yn 2001, a cheir dwy ohonynt yng Nghyfansoddiadau eisteddfodau 2002 a 2008. Penderfynwyd eu cynnwys yma er mwyn cael cofnod cywir mewn un gyfrol o'r ysgrifau arobryn rhwng 1993 a 2008. Ble na cheir ysgrif ar gyfer un o'r blynyddoedd hynny fe olyga naill ai na fu cystadlu neu na fu gwobrwyo.

Ar ddiwedd y gyfrol ceir geirfa ar gyfer yr ychydig Sbaeneg sydd yn yr ysgrifau nad yw'n cael ei gyfieithu yng nghorff y gwaith. Gobeithio y bydd hynny a'r lluniau o ddiddordeb ac yn ychwanegu at y gyfrol.

1993 – De Powys: Llanelwedd

Pigion o Ddyddiadur Mis
Arel Hughes de Sarda

Dydd Sadwrn, Mawrth y chweched
Nos Sadwrn braf ydyw heno, a dyma fi'n gafael yn y pin i ysgrifennu dipyn.

Neithiwr daeth fy chwaer a fy nith heibio, wedi dod i Drelew i gael swper gyda chyfeillion, a fy ngwahodd i fynd hefo nhw i'r ffarm i basio'r diwrnod. A dyna finnau yn gafael mewn côt a ffrog lân ac i fyny â mi i'r modur bach, a chychwyn am y ffarm. O, roedd hi'n noson braf. Nid oes gan y sawl nad yw'n nabod nos o hydref yn y Wladfa syniad am y pleser yw teithio yn y tywyllwch unig.

Rhwng Trelew a Gaiman, y rhan lle mae'r llwybr yn rhedeg dros y bryniau cyn disgyn i lawr i'r dyffryn i gyrraedd y ffarm, teimlwn ei bod yn nefoedd ar y ddaear. Noson dawel yn llawn o sŵn distawrwydd. Criced bach yn canu fel miwsig yn y tawelwch, a'r sêr uwchben yn wincio yn 'nho mawr Iesu Grist' fel y dywedai fy Nain, pan oeddwn i'n blentyn.

Cyraeddasom y buarth yn ddidramgwydd, a dyna heddwch cael cysgu heb sŵn a mwstwr y dre.

Bore heddiw codais yn fore a'r haul yn dechrau pelydru

drwy'r coed, yr ieir yn canu eu tôn a'r iâr a'i chywion bach yn cadw sŵn wrth grafu i chwilio am fwyd. Clywn y gwartheg yn brefu yn disgwyl am eu godro, a phan yn yfed mate, dyma fy nith yn dweud, 'Rydw i am fynd i'r Gaiman. Wyt ti awydd dod hefo mi, *tía*?' a minnau'n ateb yn ddibetrus, 'O'r gorau', a ffwrdd â ni, a chyrraedd i'r Gaiman ymhen rhyw bymtheg munud, ar hyd llwybr y gwaelod.

Roedd y Gaiman ar ei gorau y bore. Yr haul yn disgleirio a gwlith ar y gwair a'r blodau, a phawb mewn tymer dda. Aethom i *Mercado Gales*. Pawb yn siriol hynod. Mynd i *Cooperativa Agropecuaria*, heibio'r Post a *Banco Provincia*, prynu cig yn *Almacén Arce*, cwrdd hefo Luned a chael sgwrs, ac wedyn yn ôl i'r fferm.

Wedyn, cerdded dipyn hyd y lle a sŵn araf dŵr y gamlas yn gwneud yr awyr yn gysglyd. Dilyn llwybr *Agua y Energía* gyda glan y ffos, a blodau bach amryliw yn ochri'r llwybr. Cysgu tipyn o siesta, cymryd y *colectivo* wrth gornel y ffarm, a dyma fi adref i ganol twrw a phroblemau'r ddinas.

Dydd Sul, Mawrth y seithfed

Bore Sul, codi'n hwyr, y plant yn cysgu, Dora yn gwneud *tallarines* i ddathlu dydd Sul, gwrando cloch yr eglwys yn galw i'r gwasanaeth, gweld pobl yn pasio â'u Beibl o dan eu braich i wahanol gapeli, rhai i'r Eglwys Babyddol, eraill i'r Fethodistaidd, eraill at y *Mormones*, eraill y *Testigos de Jehová, Evangelistas, Hijos de Dios* etc.

Mae'r Tabernacl yn cynnal cwrdd gyda'r nos, a minnau'n rhy ddiog i gychwyn i unman.

Cofio fel y byddai fy mam a fy nain yn sôn amdanynt hwy yn dod o'r ffermydd i'r Tabernacl yn nyddiau cyntaf y Wladfa, criw o gymdogion mewn wageni a dynnai ceffyl neu ddau. Cychwyn o adre'n dywyll ar y bore bach, a chyrraedd yn ôl yn dywyll yn y nos yn y gaeaf. Dod â bwyd efo nhw iddynt hwy a'r ceffylau, cael hwyl fawr a dod adre yn aml dan ganu.

Teimlais gywilydd wrth feddwl 'Lle mae ysbryd antur fy hen dadau? Mae'n ormod cerdded tair neu bedair sgwâr yn awr.'

Cristina yn dod heibio yn y pnawn, a fy ngwahodd i lan y môr. Cael ysbryd i fynd a theithio tua Playa Unión. Y môr fel llyn tawel, tonnau bach yn fflapio'n ôl a blaen at ein traed, dim sôn am y cesig gwynion, fel y'u galwai fy nhad os byddai'r tonnau cynhyrfus yn curo yn erbyn y creigiau fel yn Playa Magagna.

Mae rhywbeth yn hudol yn y môr, a mwy fyth yn ei wylltineb. Cofiaf am eiriau'r bardd:

> Mi brynaf fwthyn unig
> Heb ddim o flaen ei ddôr
> Ond creigiau Aberdaron
> A thonnau gwyllt y môr.

Troi tuag adref gyda'r nos a niwl trwchus yn codi, ond hedd yn fy ysbryd. Lle mae corff blinedig yn aml mae'r ysbryd yn dawel.

Dydd Llun, Mawrth yr wythfed

Bore Llun, diwrnod cyntaf Niclas yn y Brifysgol. Siarad â'i frawd amser cinio. Wedi gwrando y proffesor yn dweud rhai geiriau, a chael fawr o afael arno. Ei frawd yn ei gysuro, 'Gwranda di arno yn iawn. Mae'n hynod ddifyr a diddorol.'

Helpu golchi dillad, llond lein ohonynt. Dora yn mynd i'w gwaith a minnau'n smwddio. Dim llawer o ddim newydd.

Methu cysgu siesta. Ci fy nghymdoges yn cyfarth a chyfarth. Darllen yn y papur newydd bod yma ŵyl i gael ei chynnal yn y Gaiman, *Fiesta de la Cerveza* neu Ŵyl y Cwrw ac mae brwdfrydedd mawr. Mae yno gystadleuaeth i fod i weld pwy a fedr yfed fwya o gwrw, a gwobr i'r sawl a ennill. Diar annwyl! Mae pobl yn difyrru eu hunain hefo pethau rhyfedd. Ers talwm, eisio i bobl yfed llai o gwrw oedd, nid gweld pwy a yfai fwyaf! Bydd yno fodur newydd hefyd i'w gael gyda nymber ticed mynd i fewn, a dewisant hefyd frenhines y cwrw!

Dydd Mawrth, Mawrth y nawfed

Diwrnod digon digynnwrf. Y plant yn mynd i'r ysgol, Dora wedi bod yn sâl neithiwr, fy mab yng nghyfraith yn dod â thwrci wedi ei ladd a'i bluo'n daclus o'r ffarm. Rhaid ei baratoi at fory neu drennydd.

Gwneud *fiambre primavera* i'r plant at heno. Hynny yw, gwneud pentwr o ffrois, a llenwi rhyngddynt gyda gwahanol salad. Maent yn hoff iawn ohono.

Wedi gweu tipyn bach, rwy'n meddwl mai mynd i'r gwely ydi'r gorau.

Dydd Mercher, Mawrth y degfed

Pan godais y bore 'ma roedd hi'n glawio, a glawio y bu hi drwy'r dydd. Dim posibl rhoi fy nhrwyn allan i ddim byd, a rŵan mae hi dros un o'r gloch y bore ac wedi bod yn paratoi y twrci, gwneud stwffin, i'w roi yn y ffwrn yn gynnar bore fory. Chwilio am resins. Methu eu ffeindio a rhoi dyrnaid o eirin sych hefo'r bara, a hwnnw'n ddigon anodd i'w droi yn friwsion, a rydw i'n leicio rhoi *sage* yn y stwffin i roi blas arno, a bûm am dipyn yn chwilio am y botel fach, ond dyna ni, popeth yn barod, wedi ei gau a'i wnïo yn barod i'w gwcio.

Dydd Iau, Mawrth yr unfed ar ddeg

Wel, dyma ni wedi coginio a bwyta'r twrci. Yr oedd yn

flasus dros ben, er bod gen i biti amdano, rywsut. Twrci mawr gwyn *doble pechuga* oedd o. Cristina a'r teulu yn cael cinio hefo ni.

Cofio bod swper Gŵyl Ddewi nos yfory. Awydd mynd. Penderfynu prynu ticedi i fi a'r merched. Yn y pnawn picio i le Defina. Efallai y buasai yn hoffi dod i'r swper. Hithau yn falch am y gwahoddiad ac yn anfon am diced. 'Pe tasai ond er mwyn cael canu yn Gymraeg unwaith y flwyddyn', meddai hi. Cael tot o fate a darn o deisen, a buom yn eistedd o flaen y ffenestr yn gwylio'r bobl a basient ar y stryd.

Dydd Gwener, Mawrth y deuddegfed

Wel, dyna noson y swper wedi pasio. Mae hi'n ddau o'r gloch y bore a minnau newydd gyrraedd adref. Wedi pasio oriau bach hyfryd. Canu hen ganeuon gwerin Cymru a glywais lawer gwaith pan yn blentyn. *Oes Gafr Eto?*, *Sosban Fach* ac eraill, ond ni chanasom ni'r *Mochyn Du*.

Cyflwynwyd *plaqueta* i Luned Roberts de González am ei gwaith yn datblygu diwylliant yn y Dyffryn. Ac os oes rhywun yn haeddu'r *plaqueta*, wel, Luned ydyw honno. Mae 'mhob man y gall hi helpu. Dadorchuddiwyd *plaqueta*, hefyd, yn gof am ganmlwydd y neuadd.

Yr oedd y swper yn dda, ac wedyn sgets plant y Gaiman a'u harweinydd, Pedr MacMullen. Bu dawnsio wedyn a mynd adref. Hoffwn petaem ni wedi canu *Hen Wlad fy Nhadau* ond nid felly y bu.

Wrth edrych o fy nghwmpas pan yn eistedd yn y swper, cefais amser i fyfyrio. Mor gywrain yr adeiladwyd Neuadd Dewi Sant yn Nhrelew gan mlynedd yn ôl, y muriau mor gryf, y nenfwd yn berffaith a hynny o dan anfanteision mawr. Cario'r defnyddiau mewn wageni a cheffylau, mae'n siŵr. Neuadd wedi ei hadeiladu gyda chariad, cariad at yr hen draddodiadau, a gariwyd ganddynt yma o Gymru. A'r cyfrifoldeb o wneud y gwaith yn iawn, gwaith llaw, gwaith meistri yn eu celf, a rhaid cydnabod fod y pwyllgor heddiw yn cadw'r adeilad fel newydd.

Wel, mae'n dri o'r gloch y bore, mae fy llygaid yn cau, a gwell i mi fynd i'r gwely.

1995 – Eisteddfod Bro Colwyn

Ennill fy Mara
May Williams de Hughes

Dechreuais ennill fy mara pan oeddwn yn ddeunaw oed mewn ysgol yn nhre Rawson, fel athrawes lanw am ugain niwrnod. Roedd yn brofiad arbennig iawn. Teithio bob dydd yn y trên bach oedd yn rhedeg unwaith yn y bore ac yn dychwelyd gyda'r hwyr. Ie, yr hen drên oedd yn arfer mynd â ni i lan y môr, ac i Gaiman, Dolavon, Dôl y Plu a Madryn: y rheilffordd gafodd ei gwneud yn 1886, ac fel canlyniad i hynny, ganwyd Trelew. Roedd yn syndod fel oedd y Cymry cyntaf wedi datblygu'r Dyffryn mewn ugain mlynedd fel bod angen ffordd i ddanfon y nwyddau i'r gogledd. Siŵr eu bod wedi mwynhau'r gwaith er yn galed; y gwŷr priod yn cychwyn o Drelew a rhai di-briod o Fadryn. Erbyn hyn does dim sôn amdani.

Am un o'r gloch y pnawn oedd yr ysgol yn dechrau, felly oeddwn yn Rawson ddwy awr yn gynt, ond yn ffodus roedd cefnder i fy nhad yn byw yn y dre gyda'i deulu, felly mynd yno a chael cinio gyda nhw bob dydd oedd fy hanes.

Un ysgol oedd yn Rawson yr adeg honno. Y diwrnod cyntaf aeth Lil, yr eneth fach, i ddangos y ffordd. Gwaith rhyw ddeg munud o gerdded ar hyd strydoedd llychlyd a cherrig anferth, dim sôn am balmant. Roedd y brifathrawes yn un strict. Cofiaf hi yn siarad gyda'r plant a'u siarsio i fod yn lân. Cofiaf hi yn dweud, "Cewch ganiatâd i ddod â'ch sgidiau yn fudr pan welwch un o'r athrawesau yn dod felly." Beth i'w wneud? Wel, cario clwtyn yn y bag a phlygu i lanhau'r sgidiau cyn mynd i mewn.

Aeth y dyddiau heibio'n ddigon hapus a daeth diwedd y tymor, gwyliau am dri mis, ac wedi hynny ces gyfle i ennill fy mara am ychydig ddyddiau yn ysgol Treorki. Ysgol fach ag ychydig o blant, fel roedd rhaid dysgu dau neu dri dosbarth efo'i gilydd, a'u rhannu rhyngof a'r brifathrawes. Gyda hi oeddwn yn teithio yn ôl ac ymlaen bob dydd, digon cyfforddus nes daeth yn law trwm a'r llwybr yn ddifrifol o fwdlyd, y car yn symud bob yn 'chydig ac i lawr â ni i ffos fach. Bu rhaid chwilio am dractor i ddod oddi yno. Bu yr amser, er yn fyr, yn brofiad hapus.

Wedi dau fis gartref, daeth y newydd fy mod i wedi cael fy mhenodi yn derfynol yn ysgol Bryn Gwyn. Haleliwia! Dyma ddechrau ennill fy mara o ddifri. Dim iws meddwl am deithio bob dydd, felly roedd yn rhaid chwilio am gartre i aros yn y ffarm, a chefais le ardderchog yng nghartre Edwin MacDonald a'i annwyl wraig, Bronwen. Mam yn fy ngadael yno; pob man yn dwt a glân; yr ardal yn hardd. Roedd yn adeg cwympiad y dail; roedd y machlud rhwng y coed yn hyfryd, ond daeth y nos, a merch y dre yn gorfod dechrau arfer cynefino â lamp *kerosene*, tywyllwch llwyr y tu allan a phot dan y gwely.

Yr adar mân yn fy neffro yn y bore gyda'i pi-pi-pi swynol. Cychwyn i'r ysgol yn fy nghôt wen wedi ei startsio, a cherdded hyd dwy ffarm. Teimlais yn gartrefol y funud cyrhaeddes yno. Pump o athrawon yn fy nghroesawu a rhyw wythdeg o blant a'r rhan fwyaf ohonynt yn perthyn i gartrefi Cymry. Plant annwyl, ufudd, glân, ysgol ynghanol ffarm, adeilad digon newydd a choed mawr o gwmpas. Teuluoedd arbennig o groesawus yn byw yn y cylch, yn

Jones ac yn Roberts, yn Lewis ac yn Williams ac yn Evans. Nid Cymraes oedd y brifathrawes ac yr oedd yn gallu bod yn galed a mynnu popeth i'r dim. Wedyn sylweddolais gymaint ddysgais yn ei hymyl. Mae capel Bryn Gwyn gyferbyn â'r ysgol. Oherwydd hynny, roeddem yn cael caniatâd i wneud cyngerdd ddiwedd y flwyddyn yno, a chael cyfle i gyfeillachu gyda phobl yr ardal. Pob penwythnos roeddwn yn mynd adref, a hynny trwy bob tywydd. Yn y gaeaf, gyda glaw, roedd y llwybr yn mynd yn drwm, ac os ar fy nhraed roedd yn rhaid i mi afael yn y ffens rhag sefyll yn sownd yn y mwd. Os mewn car, roedd hwnnw yn slipio a chroesi o un ffens i'r llall. Cofiaf un bore dydd Llun a Mam yn mynd â fi, aethom yn sownd. Gan fy mod i yn fy nghôt wen, disgynnodd hi i wthio a fi yn gyrru. Do, daethom ni allan, ond druan o fy mam. Pan ddaeth y car yn rhydd gydag ychydig o sbîd, tasgodd y mwd a'i maeddu o'i phen i'w thraed – a phopeth er mwyn i mi ennill fy mara!

Bues yn Bryn Gwyn am dri thymor, a chartrefu wedyn gyda theulu Llewelyn Griffiths yn Gaiman, a'r flwyddyn ola gyda Christmas a Dora Roberts yn y ffarm. Bu pob un yn gartre oddi cartre.

Priodais, ac es i fyw i Comodoro Rivadavia i wlad yr aur du. Digonedd o *petróleo* dan ddaear a phawb yn brysur yn gweithio ddydd a nos. Ces le mewn ysgol oedd rhyw 3 km o fy nghartre ac yno bues am ddeng mlynedd yn gyrru'r car i fynd i ennill fy mara. Profiad hollol wahanol; ysgol fawr, lot o blant a lot a straeon. Y gymdeithas yn gosmopolitan; pobl oeddynt oedd yn ymgartrefu yno o achos y gwaith olew, llawer wedi dod o Catamarca a rhai o Chile. Dyna gyfoeth ddarganfuwyd yn 1907 pan oeddynt yn tyllu i chwilio am ddŵr, ac yn lle hynny daeth yr olew, ac o'r math gorau.

Yr oedd y gwaith dysgu yn yr ysgol yn ddiddorol, ac ar

hyd y blynyddoedd bues a gofal pob dosbarth yn ei dro. Peth rhyfedd, doedd dim piano yno, felly cefais fy hun yn arwain y gân lawer gwaith. Roedd yr athrawes oedd yn dysgu gwaith llaw yn un arbennig o dda, felly ces gyfle i ddysgu llawer iawn yn sgil y plant.

Daeth yr amser i fy mhriod ymddeol a phenderfynu adeiladu tŷ yn Nhrelew a symud i fyw yno. Wel, rhywsut dod yn ôl adre yn agos i'r teulu a'r ffrindiau. Tair ysgol fawr oedd yn Nhrelew y pryd hynny ac yn un ohonynt cefais y pleser o weithio gyda phlant o bob oedran, ac i ychwanegu at hynny, cael gwaith hefyd yn yr ysgol nos i oedolion oedd ddim wedi cael cyfle i gael addysg yn gynt. Adeg prysur iawn oedd gofalu am ddwy ysgol, y tŷ a'r teulu.

Hyd ddiwedd y pumdegau roedd tiriogaeth Chubut yn dibynnu yn gyfan gwbl ar y llywodraeth ganolog yn Buenos Aires. Pryd hynny aeth yn dalaith annibynnol ac fel canlyniad yn ethol ei Rhaglaw a'i senedd. Dyna newid ar ennill fy mara, a'r fraint o fod yn aelod o'r Bwrdd Addysg cyntaf yn Chubut. Llawer o freuddwydion a phwyllgora heb edrych ar y cloc i gynnal y gwaith. Cynllunio ac adeiladu ysgolion ble roedd angen yn y trefydd, yn y de, yn yr Andes, yn y paith; eu dodrefnu a rhoi bywyd ynddynt. Trwy arholiad, dewis athrawon oedd i ganlyn addysg y rhaglen elfennol, ac arbenigwyr i ddysgu cerddoriaeth, gwaith llaw ac ymarfer corff. Hefyd, cynnal cyrsiau pellach dan ofal arbenigwyr o Buenos Aires. Wedi i'r olwyn ddechrau troi roedd yn rhaid gwneud gwaith arolygwr, a dyna brofiad arall yn dod i'm rhan. Er mwyn cysylltu a rhannu profiadau roeddem yn cael cyfarfodydd mewn gwahanol fannau yn Ariannin. I'r diben hwn bues yn Santa Fé, Córdoba, San Luis, Rosario a Buenos Aires, rhyw wythnos ar y tro. Roedd yn adeiladol iawn a byddwn yn rhoi gwybodaeth ysgrifenedig wedi cyrraedd yn ôl a llawer o awgrymiadau; er enghraifft, gwneud cyfrifiad o blant â phroblemau dysgu yn y dalaith. Wedi gweld y rhif roedd yn rhaid cael ysgolion i'r pwrpas ac athrawon profiadol.

    Aeth y blynyddoedd heibio yn gyflym a daeth diwedd ar fy amser yn y gwaith yr oeddwn wedi teithio iddo bob dydd i Rawson. Dim ond pum mis oedd ar ôl i wneud i fyny fy amser i ymddeol, a threuliais nhw yn hapus iawn fel prifathrawes yn ysgol fach Bryn Crwn, ardal hollol Gymreig, dawel, gyfeillgar.

    A dyma fi erbyn hyn, wedi ymddeol, a llu o atgofion am yr amser oeddwn yn ennill fy mara.

Ennill fy Mara
Irma Hughes de Jones

'Wyt ti'n licio'r testun yn y 'Steddfod Genedlaethol eleni?'
'Dwn i ddim eto. Beth ydi o?'
'Ennill fy mara.'
'Wel, diddorol iawn ynte?'
'Cofia gystadlu.'
Cystadlu? Fawr o awydd gwneud hynny a dweud y lleiaf. A beth a allwn i ddweud ar y testun yma? Fuo hi 'rioed yn rhaid arnaf i i ennill fy mara mewn gwirionedd. Ond yn sydyn, fel rhyw fflach o rywle, dyma synio, er hynny, gan mae'n debyg mai ar wahanol ffyrdd o ennill eu bara bydd y rhan fwyaf o'r cystadleuwyr yn sgwennu, pam lai na allaf innau sgriblo rhywbeth i'w anfon hefyd? Tasa fo'n ddim ond gair o brofiad.

'Ennill fy mara'? Wel na, o drugaredd, a diolch am hynny, roedd y bara (hynny ydi, y pethau mwyaf angenrheidiol) ar gael bob amser. Ond rwyf innau wedi chwilio am aml i ffordd i gael mwy o enllyn ar y bara, – licio bara efo trwch o fenyn arno a thipyn o jam hefyd weithiau a gorau i gyd os bydd yno ddarn o gaws yn ogystal! A dyfeisio dulliau i gael bod yn siŵr o'r moethau bach sy'n ysgafnhau, addurno a diddori bywyd.

Un o'r pethau cyntaf a wnes i 'rioed oedd godro. Wedyn gwneud menyn a'i werthu. Nhad yn fodlon iawn i ni gadw'r arian hwnnw i gyd i ni ein hunain, chwarae teg iddo. A dyna braf oedd hynny! Ac rydw i hefyd yn rhyw feddwl bod o'n falch o'n gweld ni'n cymryd diddordeb mewn gwaith gan mai
> *The devil always finds some work*
> *For idle hands to do*

ydi hi bob amser, neu fel y dywedir yn yr Ysbaeneg: *La ociosidad es la madre de todos los vicios.*

Wrth edrych yn ôl rwy'n sylweddoli ei fod hefyd yn waith digon caled, cyson ac undonog. Rhaid oedd cau'r lloeau bob gyda'r nos yn y cwt a'r gwartheg yn y *corral*. Godro yn y bore bach a gollwng y cwbl i'r cae. Separetio'r llaeth a mynd â'r llaeth sgim allan i'r moch a'r ieir, y cŵn a'r cathod, a'i gymysgu efo tipyn o fran neu siarps. Cadw'r hufen mewn bwced enamel neu bot pridd nes iddo dwchu, hynny ydi, suro'n glap, pryd y byddai'n barod i'w gorddi efo buddai bren yn cael ei throi efo llaw. Wedyn trin y menyn mewn noe bren efo plât pren hefyd a'i bwyso'n haneri kilo, ei lapio mewn papur menyn a'i gadw mewn lle oer nes mynd â fo i'w werthu. Y diwrnod hwnnw byddai'n rhaid dal y ceffyl, ei gerio a'i roi yn y *vagoneta*, gofalu am ddillad addas, cynnes yn y gaeaf ac ysgafn yn yr haf, a ffwrdd â ni.

I Drelew byddem ni'n mynd â'r menyn i'w werthu. Sbïo'r ffenestri wedyn, dewis aml i beth – a'i brynu heb orfod gofyn am arian i neb. Defnyddiau pert, taclau ymbincio, teisennau, ffrwythau a siocled, cylchgronau ac ati.

Dod adre erbyn amser godro'r nos a chael pleser wrth fwynhau'r gwaith a'r hyn a gaem am ei wneud. Byddem yn prynu gwahanol fathau o *yerba* hefyd ac yfed mate ar ôl dod adre gan y byddai syched arnom. Hoffem brofi gwahanol fathau ohono. Roedd *yerba* mewn pacedi yn beth go amheuthun yr adeg honno, gan mai yn rhydd y prynid ef fel rheol. Yr un modd y prynid reis, siwgr, blawd, *fideos* a llu o bethau eraill a fyddai'n dod mewn sachau a bagiau neu focsys a'r siopwr yn eu pwyso allan yn ôl y galw a'u rhoi mewn bagiau papur ac enw'r masnachdy neu'r cwmni arnynt fel rheol. Go wahanol i archfarchnadoedd heddiw, ynte?

A dyna'r adeg, pan oeddwn i'n rhyw ddeunaw oed, pan fu cynilo a chadw arian bach am wythnosau i gael cyrlio fy ngwallt am y tro cyntaf. Yn anffodus, fu dim llawer o lwyddiant gan nad oedd fy ngwallt ffein i ddim wedi ei wneud ar gyfer rhyw ddull llofruddiog fel yr oedd y dulliau cyntefig yr adeg honno. Druan ohonof! Anwybodaeth ieuenctid yn siŵr.

Roedd y rhan fwyaf o'r merched eraill o'n hoed ni yn yr ardal yn troi allan i weithio mewn cartrefi yn y dre pan ddeuent yn ferched ifanc, ac weithiau cyn hynny hefyd, dwi'n meddwl. 'Mynd allan i weini' fyddai Mam yn galw hynny, ac roedd hi'n meddwl ei fod o gystal ag ysgol iddynt mewn rhai cyfeiriadau. Mi fyddent yn dod adre i'r ffarm ambell i benwythnos i fwrw'r Sul, ond prin y deuai yr un ohonyn nhw'n ôl wedyn i fyw ar ffarm.

Ac mi roedd bywyd y dre reit wahanol er gwaetha'r gwaith. Byw i mewn, cael gwell dillad, mwy o gyfle i fynd i'r sinema a'r dawnsfeydd ac i lan y môr yn yr haf. A byddai rhai teuluoedd hefyd yn treulio'r gaeaf yn ninas Buenos Aires ac yn mynd â'u morwyn efo nhw yno.

Wel, fel roeddwn i'n dweud, ddaeth hynny ddim i'm rhan i na'm chwaer. Gweithio adre y byddem ni.

Wedi dysgu gwnïo a gweu, dyna fodd arall i ennill. Mae ar gael bob amser gymdogion sy'n barod i ofyn am gael ambell i ddilledyn wedi ei wneud, yn enwedig lle bydd plant a dim llawer o amser. Roedd hyn yn waith difyr gan fod cyfle i ddod i gysylltiad â gwahanol wragedd a manteisio ar eu profiad a dysgu sut i wneud aml i beth. Ond cofiaf am un wraig nad oedd hi byth yn gwybod yn iawn beth oedd hi eisiau, dim ond gadael y cwbl at fy newis i. Reit braf ar un olwg, ond hefyd yn fwy o gyfrifoldeb. Ond câi ei boddloni bob tro, wrth lwc. Roedd y cylchgronau'n help mawr i ni fan yma. Dyna lle caem y patrymau a hefyd wahanol bwythau newydd i'w gweu.

Rhywbeth yn debyg, mi gredaf, ydi gwnïo ym mhob oes. Mesur, torri'r patrymau allan mewn papur, rhoi y rheini ar y defnydd a'i dorri. Tacio'r dilledyn, ei ffitio, ei wnïo ac yna gofalu am y manylion terfynol a'i smwddio – ei bresio – yn daclus.

Efo dillad gweu byddid hefyd yn mesur, yna gweu darn bach efo'r gwlân a'r gweill fyddid yn ddefnyddio. Cyfri faint o bwythau oedd i'r *centímetro*, gwneud y cyfri ac yna gweu'n hamddenol nes oedd y gwaith wedi ei orffen. A dyna foddhad oedd edrych ar y dillad newydd pan oedden nhw'n barod i'w gwisgo am y tro cyntaf!

Ambell dro byddai rhywun yn gofyn am deisen 'wedi ei gwneud yn y dull Cymreig', neu 'fel mae'r Cymryesau yn eu gwneud' fyddai'r cyfarwyddyd. Hyn ymhell cyn dyfodiad y *torta galesa* i'r golwg. Deuai'r cylchgronau yn hwylus yma eto ac roedd hwn eto'n waith difyr, ac yn farchnad hefyd i'r menyn cartre a'r wyau.

Ac mewn gwirionedd byddai'r cwbl i gyd yn fwy o hobi na dim arall, rwy'n meddwl. Cael pleser yn y gwaith a budd hefyd wrth gymdeithasu â gwahanol deuluoedd, gwneud ffrindiau â'u plant bach, gwrando ar atgofion plentyndod ac ieuenctid y rhai mewn oed.

Mae'n hyfryd iawn cofio am y cwbl. Ac roedd hi'n braf cael y tâl hefyd. Roedd yn ein galluogi i gael cymaint o bethau na fyddai'n bosibl oni bai hynny.

Ennill fy Mara
Erie James

Cyrhaeddais i'r byd yma yng nghanol gaeaf ar ffarm, ac yno magwyd fi. Bu rhaid cymryd rhan mewn bron pob gwaith, ond doeddwn i ddim yn ffansïo treulio fy mywyd yn godro gwartheg. Pan oeddwn yn hogan fach, fy nifyrrwch oedd gwneud doliau rhecsyn, ddim yn debyg i fabanod, ond fel gwragedd ac yn eu gwisgo yn ôl eu golwg. 'A!' meddai fy modryb, 'gwniyddes fydd y ferch fach yma', ac yn fy llongyfarch, a dyna fi yn credu hynny. Pan ddechreuais yr ysgol ddyddiol, roeddwn yn disgwyl yn eiddgar a gyda phleser am y diwrnod yr oeddem yn cael gwersi gwnïo. Yn y pwnc yma roeddwn i yn rhagori; doedd gen i fawr o ddiddordeb yn y pynciau eraill. Felly daliwn i feddwl mai gwnïo oedd y ffordd orau i ennill fy mywoliaeth.

Doeddwn i ddim yn gweld y blynyddoedd yn mynd heibio yn ddigon buan er mwyn cael mynd i'r ysgol wnïo, a dyna'r peth fûm yn wneud nes cael fy niploma. Roedd gen i ryw deimlad cenfigennus tuag at y bechgyn, fy nghefnderoedd a ffrindiau, oedd yn cael eu galw i'r fyddin ac felly yn cael nabod llefydd pell, a meddyliwn pe tase merched yn y fyddin, efallai y cawswn waith fel teiliwr! Soniai rhai merched am fynd yn nyrsys. 'Ach a fi', meddwn i.

Pan gefais gariad mi anghofiais am y fyddin ac eto yn meddwl fy mod wedi dewis y ffordd orau i ennill rhywfaint, a rhoi help i'r gŵr i gadw'r cartref. Bod â gwaith sy bosibl ei wneud yn y tŷ, heb gadw amser, ac felly gallu edrych ar ôl plant pan ddelent. Nid ffarmwr oedd o, ac felly sôn am fyw yn y dre, a gwell cyfle i gael mwy o waith. Yn y cyfamser, roeddwn yn gwnïo gartref ar y ffarm.

Ond un diwrnod dyna'r bachgen yn dweud wrtha i ei fod wedi ffansïo rhyw hogan arall. Credais fod y byd ar ben, a meddyliais lawer gwaith, piti na fuaswn yn gatholig er mwyn cael mynd yn lleian a chael fy nghau mewn lleiandy. Sylweddoli wedyn mai nid gwaith gwnïo oedd y peth gorau i ennill fy mara; mae gormod o amser i feddwl rhwng pwythyn a phwythyn. Roedd angen rhyw waith fuasai yn cadw fy meddwl yn brysur. Ond roedd y rhyfel yn Ewrop wedi dod i derfyn a doedd dim angen gwirfoddolwyr.

Roedd llawer o ferched y dyffryn yn penderfynu mynd i ddysgu bod yn nyrsys. Yr Ysbyty Brydeinig yn Buenos Aires yn cynnig cartref cyfforddus a chyflog bach tra roeddynt yn astudio, ac ar ddiwedd tair blynedd cael diploma, ond doedd hwn ddim yn ddeniadol i fi. Ond yn awr, ar ôl colli fy nghariad, doedd y syniad ddim mor chwerthinllyd. Dyma un ffordd o fynd o'r Wladfa ac roedd rhieni pob merch yn fodlon gan eu bod yn gwybod fod yna gartref iddynt yn y dre fawr. Gwnes ymchwiliadau am y peth gan fod gen i gyfeillion yno, a chael gwybod fod *Matron* yr ysbyty hefyd yn brifathrawes yr ysgol. Dynes o'r Alban, galed dros ben. Gorau'n y byd, meddyliais, a dyna fi yn penderfynu newid y nodwyddau am chwistrellau. Ysgrifennais at *Matron* gan feddwl mai dyna'r ffordd orau, ond wedyn, mi welais nad oeddwn wedi bod yn ddigon diplomatig. Atebodd y llythyr a dweud i mi anfon llun ohonof ar fy nhraed, llythyr cymeradwyaeth oddi wrth bregethwr fy nghapel, tystysgrif o'r ysgol yr astudiais ynddi, llythyr oddi wrth feddyg y teulu yn dangos fy mod yn iach. 'Wfft iddi a'i hysbyty', meddwn i, 'da i ddim yn agos i'r lle.' Ond ychydig ddyddiau wedyn dyma hi yn gyrru i fy nôl i, heb weld dim o'r papurau. A dyna fi yn cychwyn y daith hir o'r ffarm ar fy mhen i'r brifddinas.

Cyrhaeddais y stesion fawr am naw o'r gloch y bore, ar ôl

taith o drideg saith awr. Roedd y *Matron* wedi anfon chwe nyrs i fy nisgwyl. Roeddwn yn adnabod pob un a chael gwybod eu bod wedi gweithio drwy'r nos. Roedd fy modryb yno hefyd, ond roedd y nyrsys wedi cael gorchymyn i fynd â fi i'r swyddfa y peth cyntaf. Rydw i'n credu ei bod mor awyddus i fy nabod achos mod i wedi ysgrifennu iddi yn bersonol yn fy Saesneg gwael. Roedd y merched eraill o'r Wladfa yn cysylltu â Chymraes oedd yn byw yn Buenos Aires, a honno'n cymeradwyo'r ferch i'r *Matron*, neu drwy bregethwr eu capel. Cefais waith ei deall am nad oeddwn yn arfer siarad yr iaith; o'n i'n meddwl fy mod yn gallu tipyn go dda ar ôl bod yng Ngholeg Camwy, ond doedd ei hacen o'r Alban ddim yn help chwaith. Ar ôl y cyfarfyddiad mi roddodd ganiatâd i fi fynd i orffwys ar ôl y daith hir.

Bore wedyn cefais fynd i'r stôr ddillad i ffitio fy ngwisg, fel arfer yn rhy fawr, ond wrth lwc, daeth ffrind i fi oedd wedi gweithio y noson cynt, a chyn mynd i orffwys rhoddodd help i fi wisgo, yn enwedig gosod y cap. Roedd gwallt hir gen i yr adeg hynny, ond doedd dim un blewyn i fod i gyffwrdd â'r coler gwyn yn llawn startsh. Sanau cotwm gwyn ac esgidiau yr un lliw. Wedi gwisgo felly cefais fynd ar drot i ward y dynion. Yn y fan hynny mi gollais fy enw bedydd, ac o hyn ymlaen efo'r gair nyrs a chyfenw oedd pawb yn fy ngalw.

Roeddwn i'n meddwl fy mod yn y fyddin oherwydd os oedd yno unrhyw nyrs fase wedi dechrau, pe tase ddim ond un diwrnod, cyn fi, roedd rhaid gadael iddi hi fynd trwy'r drws o fy mlaen i, a chodi ar fy nhraed petai un yn dod i fewn i'r ystafell. Doedd hyn ddim yn broblem o gwbl gan mai ar fy nhraed yr oeddwn drwy'r dydd a ddim amser i eistedd.

Fy ngwaith cyntaf oedd ateb clychau'r cleifion a'r teliffon – hwn oedd y bwgan du; doeddwn i erioed wedi siarad ar y ffôn o'r blaen, a llai fyth yn Saesneg. Ychydig o sylw gefais y diwrnod hwnnw, achos roedd yna ryw glaf – dyn o Pacistan, ddim yn siarad Saesneg na Sbaeneg, wedi dianc a dringo i balmwydden yn y sgwâr o gwmpas yr ysbyty. Ceisiodd mwy nag un ei berswadio i ddod i lawr, ond heb lwyddo. O'r diwedd, bu rhaid galw llysgennad ei wlad.

Heblaw un neu ddau, morwyr oedd y cleifion i gyd, o ryw long Brydeinig, wedi cael twymyn yr ymysgaroedd, a rhai nyrsys yn gorfod gweithio ddeuddeg awr. Roedd un morwr â'r cyfenw Williams, ac er ei fod yn sicrhau nad oedd o ddim yn siarad Cymraeg, roeddem yn ofalus beth oeddem yn ddweud o'i flaen o. Roedd amryw nyrs o'r Wladfa ac yn siarad Cymraeg, hyd yn oed y *sister*. Roedd y dynion yma wedi bod yn wael iawn ond yn gwella'n brysur; un claf o'r enw Cole wedi bod yn ddrwg iawn, yn waeth na'r lleill, ac yn dal yn wan o hyd. Un bore, dyma nyrsys y nos yn siarad â'i gilydd ac un yn dweud yn Gymraeg, 'Wyt ti'n meddwl ei fod o ddigon da i newid ei drowsus ei hun?' 'O, debyg iawn,' medde yntau yn Gymraeg. Roedd y ddwy nyrs wedi synnu a phob un ohonom ni wedyn yn meddwl beth oedden ni wedi bod yn siarad o'i flaen o!

Roedd y teliffon yn dal i fy mhoeni, yn enwedig pan oeddent yn gofyn am ryw feddyg a hynny yn Saesneg, ac efallai fod yna ddeg neu ragor yn y ward a fi ddim yn eu hadnabod. Anhawster arall oedd eu cyfenwau, rhai tebyg fel Donnelly a Donaldson, ond roedd un yn dal a golygus ac yn ddiserch a'r llall yn fach ac yn dew a dymunol dros ben. Fe adnabyddais Dr ap Iwan yn fuan iawn.

Peth arall oedd yn fy ffwndro oedd y ffordd o siarad fel telegram ac ar ben hynny yn Saesneg. Rhai o'r dyddiau cyntaf roeddwn yn ateb y ffôn, dyna rywun yn dweud 'gyrrwch y bys i fyny'. Meddyliais fod yna rywun wedi colli ei synhwyrau o gwmpas y lle, a dyna fi'n mynd i roi y neges i'r *sister*, ac yn disgwyl iddi lewygu, ond ni symudodd 'run blewyn o'i le, a mi ddywedodd wrtha i, 'Cerwch â dyn gwely pump mewn cadair olwyn i'r chweched llawr i gael ei driniaeth lawfeddygol'. Mewn ychydig amser roeddwn i wedi dechrau siarad yr un fath. Rhyw ddiwrnod dyma feddyg newydd yn gofyn i fi, 'Lle mae'r *sister*?' 'Yn gwely tri efo Dr Smith', atebais innau. 'Beth?' meddai, wedi synnu, a mi sylweddolais i nad oedd o ddim wedi dysgu iaith yr ysbyty eto.

Pan ddaeth diwedd y mis bu rhaid newid ward eto – dynion eto, ond mewn oed. Y mis ar ôl hynny cefais fy rhoddi i weithio yn y nos, o hanner nos tan wyth y bore, a finnau heb ddysgu defnyddio'r chwistrellau! Yr adeg hynny roedd bron pawb yn cael penisilin a hynny bob tair awr! Mae'n well gen i beidio cofio am y peth a faint wnaeth y bobl druan ddioddef; fel rheol ychydig o gnawd sydd ar ben ôl dynion. Roedd un o'r cleifion o'r enw Evans yn ddyn crefyddol, a mi ddywedodd ei fod yn gweddïo drosto i bob dydd er mwyn i fi ddysgu yn fuan. Peth arall oeddwn i fod i wneud fel *junior* nyrs oedd rhoi *enema* i'r cleifion oedd yn cael triniaeth lawfeddygol y diwrnod wedyn, ac erbyn hyn yn eu gosod yn ddidrafferth, nes i ryw fachgen golygus o'r Wladfa ddod i mewn. Roeddwn i wedi ei weld ddwy neu dair gwaith ac wedi clywed digon o'i hanes o fel *Don Juan*, yn rhedeg ar ôl pob merch ifanc dlos yn y dyffryn. Y noson hon teimlem ein dau yn anghyfforddus dros ben. Cafodd bwl o chwerthin fel ffŵl ac roedd hyn yn gwneud y driniaeth yn anodd iawn.

Mi roedd *Matron* yn wir galed, ond nawr rwy'n ei deall. Efo dros gant o ferched ifanc o dan ei gofal, roedd rhaid iddi fod yn llym. Roedd gan borthor wrth glwyd yr ysbyty lyfr lle roedd pob nyrs yn gorfod rhoi ei henw a'r awr pan fyddai yn mynd allan, pe tase fo ddim ond am ddeg munud, a'r un fath wrth ddychwelyd. Roedd y drws yn cael ei gau am hanner awr wedi deg; ar ôl hynny rhaid oedd canu'r gloch a disgwyl i'r porthor ddod i'w agor – tywydd da, oer neu wlaw, ac ambell waith cymerai dipyn o amser i ddod. Dyna'r peth cyntaf fyddai *Matron* yn ddarllen yn y bore; os oedd un wedi rhoi ei henw ar ôl 10.30 yr hwyr buasai'n cael ei galw i swyddfa'r *Matron* a chael drefn iawn, ac weithiau, os oedd wedi dod adre yn hwyr ofnadwy, cael ei rhwystro i fynd allan am rai wythnosau.

Ym mis Mawrth dechreuodd yr ysgol a mi synnais fy mod yn mwynhau'r pynciau, a synnu fwy fyth ar ôl yr arholiad cyntaf fy mod i wedi gwneud mor dda. Daliwn efo'r un syniad, a chymryd yr ysbyty fel lleiandy, cael un diwrnod o'r wythnos yn rhydd, ddim yn mynd allan, treulio'r diwrnod yn y cartref neu yn yr ardd a'r parc, ac wrth ei bod yn braf, mwynhau'r pwll nofio. Roedd rhyw glaf wedi rhoi hwn yn anrheg i'r nyrsys. Un diwrnod galwodd *Matron* arnaf i'w swyddfa i ddweud wrtha i, 'Mae'n rhaid i chi fynd allan i ddifyrru eich hun a chael hwyl, fedrwch chi ddim treulio eich bywyd o gwmpas yr ysbyty a phobl sâl.' Mae'n debyg ei bod wedi sylwi nad oedd fy enw i byth ar y llyfr.

Gan fod *Matron* wedi dweud bod rhaid mynd allan, ar fy niwrnod rhydd dechreuais fynd efo'r merched oedd wedi gweithio yn y nos, a ffwrdd â ni i barc mawr i gerdded neu rentu beiciau, ond roedd rhaid i ni fod yn ofalus a chyrraedd yn ôl cyn hanner awr wedi deg, er mwyn i'r nyrsys gael digon o gysgu.

Rhyw dro dyma fi'n cael gwahoddiad i swper ac i ddawnsio, wedi cael caniatâd y *Matron* i gyrraedd yn ôl ychydig yn hwyrach. Noson y Flwyddyn Newydd ac ar y pryd yn gweithio mewn ward dynion, ond doedd dim posibl gadael y ward achos roedd yna un claf ar ôl. Nyrs y nos wedi cyrraedd i'w gwaith, ninnau'n dal ymlaen i chwilio am y dyn yma ymhob ward, yn y parc a phob twll a chornel. Yn y diwedd cael hyd iddo yn cysgu ar ben tua hanner dwsin o fatresi yn yr ail seler, lle roedd y matresi yn cael eu storio, ac erbyn hyn roedd yn rhy hwyr i fynd allan. Dro arall roedd dawns i'r nyrsys, y meddygon a'u gwragedd yng nghartref y nyrsys, pawb i fynd mewn gwisg ffansi. Erbyn hyn roedd fy chwaer hefyd yn nyrs a dyna fi'n mynd ati i wneud gwisg diafol i ni'n dwy; mydrau a mydrau o ddefnydd coch, ei wnïo gyda'r peiriant cyn bod neb yn codi, lle bod neb yn gweld. Gwneud trowsus, côt, pen gyda chlustiau mawr a chyrn, hyd yn oed y bicfforch yn goch. Ar hyn dyna'r *Matron* yn galw fy chwaer a dweud wrthi ei bod i fynd i weithio yn y nos – rhyw nyrs wedi mynd yn sâl. Pan oeddwn i'n gwisgo i'r ŵyl, roedd hi yn rhoi ei gwisg nyrs amdani hi. Rydw i'n credu fy mod i wedi teimlo yn fwy digalon na hi, ac fe roddodd hi fenthyg y wisg i ffrind.

Yn ystod y tair blynedd cefais y cyfle i weithio ymron pob ward; gwragedd, plant, dynion, darfodedigaeth, ward lle mae'r plant yn cael eu geni, ward lle mae triniaeth lawfeddygol. Un waith, mewn ward dynion ifanc, a fi ac ychydig o brofiad, digwyddodd rhywbeth rhyfedd. Heddiw rydw i'n chwerthin wrth gofio'r peth. Cyrhaeddodd dau neu dri bachgen ifanc i edrych am un o'r cleifion, a thusw mawr o flodau ym mraich un ohonynt. Ni'r nyrsys yn meddwl, dyna braf gweld bechgyn ifanc mor serchus. Ymhen ychydig ar ôl iddynt gyrraedd, daeth y claf i ofyn am rywbeth i'w yfed, sef dŵr lemwn, a chael llond jwg ohono, gan mai yr haf oedd hi ac yn boeth dros ben. Aeth o a'i ffrindiau i eistedd yn y *balcón* i'w yfed. Ymhen awr dyma un o'r nyrsys yn dod a gofyn, 'Beth maen nhw wedi gael i'w yfed?' Dyma fi ym mynd i weld a'u cael yn chwil gaib ac yn goch fel twrcïod. Mae'n debyg fod y ffrindiau wedi dod â photel o ddiod feddwol ynghanol y blodau.

Pan oeddwn yn gweithio ryw bnawn Sul, yn derbyn pobl

oedd wedi cael damwain neu rywbeth arall, cyrhaeddodd dynes ag wticaria drosti, yn cosi yn ofnadwy a'i chyfenw oedd *Cuatromanos*, sef pedair llaw. Methais beidio dweud wrth hi, 'Mi fuasech yn falch o gael pedair llaw heddiw.'
Ar ddiwedd tair blynedd o ysgol a phrofiad graddiais yn nyrs. Seremoni deimladwy, y *Matron* yn cynnau ein canhwyllau a ninnau yn crefu i'r gwynt beidio eu diffodd. Addawem fod yn ffyddlon i addysg Florence Nightingale. Y ddiweddar Valmai Jones yn canu Ave Maria (Schubert), canu dau emyn, dwy neu dair araith, gwraig llysgennad Prydain yn trosglwyddo'r diplomas i ni a'r gwobrwyon. Cefais i wobr y *Matron*.

Erbyn hyn roeddwn yn gweithio yn y theatr a bûm yno am dair neu bedair blynedd. Bob yn ail ddydd yr oedd tair ohonom yn gwylied, ond ar ddydd Sul dim ond un yn gorfod ymdopi â phopeth oedd yn digwydd ddydd a nos. Un nos Sul, tua chanol nos, ces fy ngalw gan fod *cesárea* yn mynd i gael ei gwneud. Mae angen defnyddio llawer iawn o offer i'r driniaeth yma, cotwm a meinwe. Ar ôl i'r baban gael ei eni mae'r fenyw a'r baban yn cael mynd i'r ward, y meddygon yn mynd adref, a fi i lanhau yr holl lanast a gadael y cyfan yn lân ac yn ddihaint rhag ofn i rywun arall fod mewn taro. A pheth arall, y diwrnod wedyn, sef dydd Llun, roedd yna restr hir o driniaethau. Yr oedd tua phedwar o'r gloch y bore pan gefais fynd i'm hystafell i orffwys, ond ymhen rhyw hanner awr dyma alw eto – *cesárea* arall! Yr un gwaith eto ond gwahanol feddygon. Ni wnaeth y baban yma roi dim un trafferth, cyn ei fod yn hollol allan roedd yn bloeddio crio a phawb yn ymlacio. Mae genedigaeth yn emosiynol dros ben. Ar ôl i bawb fynd, glanhau a gadael popeth yn daclus, fel pe bai dim byd wedi digwydd yn ystod y nos! Ychydig cyn wyth dyma'r nyrsys a'r meddygon yn cyrraedd yn llawn egni ac yn barod i ymosod ar y rhestr o driniaethau, a fi wedi blino'n rhacs.

Cefais ganiatâd i fynd i gael brecwast ac yn ôl i'r gwaith a phrysurdeb y bore. Neb yn cofio fy mod i wedi bod ar drot drwy'r nos, neu ddim yn gwybod, efallai.

Erbyn hyn yr oeddwn wedi arfer gweld gwaed, arogli gwaed ac anesthetig. Hefyd wedi dod i adnabod y llawfeddygon yn go dda, gwybod eu harferion, eu tymer a'u casineb at rai o'r peiriannau, cordynion, llinynnau, catgwts etc. Ambell un yn wyllt ei natur, eraill yn fyr eu hamynedd. Rhyw fore prysur iawn a rhai o'r meddygon heb gyrraedd, gofynnodd un o'r meddygon i fi ei helpu mewn triniaeth, ond pan fu rhaid i mi dorri cnawd dyn, mi lewygais! Bu rhaid dioddef yr holl dynnu coes wedyn. Pan ymddiswyddodd *sister* un o'r wardiau, cynigiodd *Matron* y swydd i mi ac fe'i derbyniais. Ward merched oedd hi ac ambell ddyn mewn ystafell ar ei ben ei hun. Yma gwelais fod cryn wahaniaeth rhwng pobl y dref a rhai o'r wlad, yr olaf yn llawer gwell cleifion na phobl y dref. Mae cenedl yn gwneud gwahaniaeth hefyd.

Fan hyn cefais gynnig mynd ag un o'r cleifion i'r Unol Daleithiau, ond collais y cyfle am nad oedd gen i basport a dim amser i'w gael o. Fel *sister*, yr oeddwn yn rhydd pnawn Sadwrn a dydd Sul, ac felly doedd hi ddim yn hawdd iawn mynd at yr heddlu, ond mi lwyddais i gael pob papur yn daclus. Cyn hir roedd angen nyrs i fynd â dyn i Brydain a dyma fi'n ateb yn gadarnhaol. Gofynnais am fy ngwyliau er mwyn cael amser i fynd i Gymru i adnabod gwlad fy hynafiaid. Ar ôl taith o 24 awr, cyrraedd maes awyr Llundain, lle roedd ei deulu yn disgwyl y claf. Arhosais am ddau neu dri diwrnod yn Llundain, gan fod gen i rai negeseuau i'w gwneud. Pan gefais fy nhraed yn rhydd, ffwrdd â fi am Gymru a mwynhau pob munud o'r daith.

Ymhen rhyw dair blynedd cynigiodd *Matron* ysgoloriaeth i mi yn y *Royal College of Nursing* yn Llundain, ac oddi yno cefais fy anfon i ddau ysbyty yn Lloegr, un yn yr Alban, un arall yn Abertawe ac Oswestry. Ar ôl dod yn ôl ac i'r un ward, sylweddolais fy mod yn mynd yn fwy teimladwy fel yr oeddwn yn heneiddio, yn dioddef efo'r claf a'r teulu, yn enwedig os oeddynt yn ifanc a dim gwellhad, teimlo fy mod mor ddiwerth a ddim yn gallu gwneud dim byd drostynt. Mae'n debyg mai felly roeddwn yn teimlo y diwrnod y cynigiodd un o'r cleifion waith i mi i edrych ar ôl ei wraig a fo mewn *estancia* rhyw ddwy awr o Buenos Aires. Golygai hyn adael yr ysbyty, cyfeillion a thre fawr, ond roedd y cyflog yn demtasiwn, a meddwl am fy hen ddyddiau. O'r diwedd, penderfynais gymryd y gwaith a ffwrdd â fi. Bûm yn hiraethus am dipyn, teimlo nad oedd gen i ddim byd i wneud. Roedd parc mawr yno a phymtheg o ddynion yn edrych ar ei ôl, ond mi ddechreuais i ofalu am rai planhigion, ac wrth bod saith morwyn yn y tŷ, mi feddyliais am helpu a'u dysgu i wnïo. Wrth fy mod wedi fy magu ar ffarm, ac ar yr *estancia* yma roeddent yn godro o gwmpas cant o wartheg, mi fentrais ofyn am laeth i wneud caws. Mi drïais sawl gwaith, ond ddim yn llwyddiannus iawn, felly mi welais fod yn well i mi gael hufen a gwneud ymenyn.

Ond fe ddaeth y gwaith. Dechreuodd y wraig golli ei chof a meddyliai fod pawb yn dwyn a mynd ati i guddio popeth, hyd yn oed ei sbectol ei hunan, neu unrhyw beth yn perthyn i'r ymwelwyr, ac roedd hyn yn gwallgofi yr hen ŵr. Er ei fod o yn iawn yn ystod y dydd, yr oedd yn ffwndro yn y nos a hefyd yn dioddef wrth y galon. Yn y diwedd, cafodd driniaeth lawfeddygol – pedwar *bypass*. Ar ôl hyn, ac yntau braidd yn ofnus a theliffon drwy'r tŷ i gyd (rhif 04 oedd fy ystafell i) rwy'n credu ei fod o yn cysgu â'i fys ar y rhif hwnnw ac yn fy ngalw unrhyw adeg yn ystod y nos, a llawer gwaith ambell noson. Gyda golau cyntaf y dydd yr oedd o yn llawn bywyd. A dyna lle roeddwn i yn dechrau trotian ar ôl ei wraig. Mi feddyliais lawer gwaith os oedd yn werth bod bron bedair awr ar hugain yn gwylio'r bobl yma, ac yn amau fod y cyflog ddim cystal. Bob yn 'chydig roedd y ddau yn gwaethygu, ac ymhen saith mlynedd ar ôl i fi fynd yno, ac yntau ar daith yn Ewrop ynglŷn â'i fusnes, mi farwodd yr hen ddyn a chafodd ei wraig ei rhoi mewn cartref.

Ers rhai blynyddoedd yr oeddwn mewn cysylltiad â pherthnasau yn Canada, a dyna'r cyfle i fynd i edrych amdanynt. Ar ôl bod yno am ryw fis yr oeddwn yn barod i ddod adre, ond ceisiai fy nghyfnither wneud ei gorau i'm perswadio i sefyll am dipyn, ac edrychai yn y papur newydd bob dydd am waith i fi. Doedd gen i ddim caniatâd i weithio yno ond roedd yn dipyn o demtasiwn. O'r diwedd, mi welodd fod rhywun yn chwilio am nyrs dros ddiwedd yr wythnos. Ddaru ni siarad â nhw ac esbonio'r amgylchiadau a dweud nad oeddwn i ddim yn bwriadu aros mwy na chwe mis. Gan fod mab y ddynes yn perthyn i'r llywodraeth, mi ddwedodd fod popeth yn iawn. (Mae'n rhaid ei bod yn anodd cael nyrs dros ddiwedd yr wythnos.) A dyna fi eto yn edrych ar ôl person mewn oed, dri diwrnod a thair noson bob wythnos. Wrth lwc, yr oedd hi'n cysgu'n iawn bob nos. Cawn bedwar diwrnod rhydd a phres yn fy mhoced. Sefais am chwe mis, tan ddiwedd y flwyddyn a chael gweld *White Christmas* am y tro cyntaf erioed. Roedd y lle yn wyn o eira, ac wrth lwc, doedd y Nadolig y flwyddyn honno ddim ar ddiwedd yr wythnos.

Tua mis Rhagfyr, a fi yn dal i fod yn Canada, cefais lythyr yn cynnig gwaith i mi fel nyrs mewn ysgol i fechgyn, dros gant ohonynt yn byw yn yr ysgol, yn yr Ariannin. Roeddwn yn awyddus i weithio gyda phobl ifanc neu blant, a dyna fi yn cymryd yr awyren ac adre â fi. Nid oedd y cyflog yn fawr, ond cawn gartref cysurus a hwyl fawr efo'r plant. Yn fuan cymerais ddiddordeb yn yr ardd flodau a helpu gwraig y prifathro oedd yn cymryd rhan yn arddangosfa'r dre.

Roedd gwaith ddydd a nos yn y gaeaf pan oedd yna ryw haint a hefyd ar ddiwedd wythnos pan oedd bechgyn ysgolion eraill yn dod i chwarae, yn enwedig rygbi. Roedd yr hogiau yn llusgo i mewn i'r sanatoriwm bach i gael triniaeth. Bron bob amser yr oeddwn yn mynd i'r maes chwarae gyda blwch yn llawn moddion i'w moetho ychydig bach.

Un o'r dyddiau cyntaf ar ôl i fi gyrraedd, dyma fachgen tua phymtheg oed, un mawr, pwysig, yn dod i'r sanatoriwm gan ddweud ei fod yn teimlo'n sâl. Dyna fi yn cymryd ei wres, a phan dynnais y mesurydd o dan ei gesail, gallech feddwl ei fod ar dân, ond nid oedd ei olwg na churiad y galon yn dangos hynny. 'O'r gore', meddwn i 'mae'n rhaid i fi ddangos i'r crwt yma mod i ddim mor newydd yn y gwaith yma', a dywedais wrtho, 'Tyrd yma a gorwedd yn y fan hyn a dy wyneb i lawr.' A mi wnaeth heb drafferth. Mi dynnais ei drowsus i lawr a gosod y mesurydd yn ei ben ôl. Cafodd gywilydd dros ben a chrefu arnaf i gloi'r drws, lle bod neb yn ei weld yn y fath sefyllfa. Ond cyn hir roedd y stori wedi dod i glyw bron bob bachgen. Dyna un hogyn bach a golwg ddiniwed arno yn gofyn i fi, 'Nyrs, oes efo chi ryw ffordd arall i gymryd gwres?'

Roedd y rhan fwyaf o'r plant o bell a'u mamau ddim o gwmpas ac felly mi ddechreuais wneud teisen iddynt ar ddiwrnod eu pen-blwydd, y rhan amlaf teisen siocled oeddent eisiau ac yn gwahodd bechgyn o'r un dosbarth ac os oedd yna frawd, roedd hwnnw yn cael dod hefyd. Un diwrnod dyna un hogyn bach yn dod yn crïo mwrdwr ac yn dweud nad oedd o ddim wedi cael ei wahodd am ei fod yn cael ei ben-blwydd yn yr haf pan mae'r ysgol ynghau, ac yntau, felly'n methu talu'n ôl. Patrick oedd ei enw, a dyna fi'n dweud wrtho, 'Beth wyt ti'n feddwl am ddathlu Sant Patrick ym mis Mawrth?', a dyna beth gafodd ei wneud am rai blynyddoedd, nes iddo fynd i'r ysgol ganolraddol. Pan aeth athro'r gwaith llaw a chrefft i ffwrdd, fe gynigiais i roi help a gwersi iddynt. Roedd yna un hogyn bach, mab i athro, a dim tamaid o ddawn ynddo ac yn aflonyddu ar y bechgyn eraill. Rhoddais drefn iawn iddo ac yntau yn ateb, 'Nyrs, rydach chi'n cael mwy o hwyl na neb!', ac mi roedd hynny'n wir. Bûm yn gwneud y gwaith am ddwy flynedd ac edrych ar ôl y plant, ond pan welais nad oeddynt ddim yn chwilio am athro arall, mi roddais y gwaith i fyny. Pan ddaeth merched i'r ysgol ac yn methu cael athrawes, fe wnes y gwaith eto, dysgu'r merched bach i frodio. Mi weithiais wyth mlynedd yn yr ysgol hon a nabod llawer iawn o blant, rhai ohonynt erbyn hyn yn feddygon, penseiri, cyfreithwyr ac yn y blaen, mewn llawer gwlad.

Erbyn hyn mi feddyliais fod yn heb bryd i fi ymddeol, a mynd yn ôl adre i fyw i Batagonia, ond nid yw hynny ddim yn anhawster i fi dderbyn gwaith bob hyn a hyn, yn enwedig os oes yna daith yn y golwg. Rydw i wedi cael y cyfle i fynd dramor fwy nag unwaith, am fy mod yn nyrs ac yn clebran tipyn o Saesneg. Felly mae'r blynyddoedd wedi mynd heibio, fel nyrs y rhan fwyaf ohonynt, lle mae amser hapus a thrist, ac felly fel nyrs y gwnes i 'ennill fy mara'.

1997 – Meirion a'r Cyffiniau

Y Wladfa Heddiw
Irma Hughes de Jones

Wel ie, y Wladfa heddiw. Beth allwn ni ei ddweud ar y testun yma? Mae'n dwyn i'm cof atebiad a gefais i flynyddoedd yn ôl (tuag ugain efallai) pan ddwedais i rywbeth am y Wladfa wrth rywun: 'Ie, *Y Wladfa*, peth nad ydi o ddim yn bod o gwbl erbyn hyn, mewn gwirionedd.' A'm hatebiad innau oedd: 'Nag ydi 'falle, ond er hynny mae hi mewn bod o hyd, os galli di ddeall rhywbeth fel yna.'

Ac er y blynyddoedd sy wedi mynd heibio er hynny, mae'n dal yn wir o hyd, y ddau safbwynt fel ei gilydd.

Ond, sut gall hynny fod, meddech chi? Wel, does dim eisiau dim ond bod yma hefo meddwl agored, a llygaid parod i sylwi, a thuedd wedyn i adio'r hyn a welwch chi i gyd at ei gilydd, na ddowch chi i ddeall rhywbeth o'r fath er mor chwithig y gall o edrych ar yr olwg gyntaf.

Rŵan, sôn am yr amgylchiadau yn Nyffryn Camwy a wnaf i yn yr arolwg yma. Gall pethau fod yn wahanol mewn rhannau eraill o'r Wladfa a sefydlwyd hefyd gan y Cymry yn yr amser gynt. Yn yr Andes, er enghraifft. Ond mi gyfyngaf i fy hun i raddau i fy milltir sgŵar fy hunan. Felly cip ar 'ein Gwladfa ni' amdani.

Yr hyn na all neb ei wadu, wrth gwrs, lle bynnag y byddir, ydi fod yr iaith wedi newid, ac yn sgil hynny, fod llawer o'r arferion a oedd yn gyffredin i bawb ohonom gynt, wedi mynd i ddifancoll. Ond mi fyddai hyn wedi digwydd pa un bynnag, yn wyneb y newid chwyldroadol ar ein bywyd yn ystod y genhedlaeth bresennol.

Gynt, roedd y bwydydd cartref ar bob bwrdd, ond yn awr, gyda'r arfer i'r gwragedd a'r merched dreulio eu dyddiau o'r tu allan i'r cartrefi, mae'r bwydydd parod wedi ffeindio eu ffordd i bron bob cartre.

Mae'r godro, gwneud ymenyn a chaws, pobi'r bara a'i grasu mewn ffwrn wedi ei phoethi â choed o'r tu allan i'r tŷ ynghyd â'r cig rhost, teisen dorth a phadellaid fawr o bwdin reis, neu bwdin bara, bob wythnos, wedi diflannu bron yn llwyr. Yr un modd y diwrnod golchi, dydd Llun, sydd wedi cael ei alltudio ran amlaf i'r penwythnos. Mae'r siopa ar ddiwrnod arbennig o'r wythnos wedi dilyn yr un ffordd ynghyd â bod y Sadwrn yn ddiwrnod o baratoi at y Sul a hwn yn ddiwrnod o orffwys ac o addoli wedi peidio â bod yn ddeddfau i'w parchu a'u cadw yn ddi-gwestiwn.

Ond dyna oedd ffordd y Wladfa o fyw gynt. Ac roedd yr ardaloedd gwledig y pryd hynny yn llawer mwy eu poblogaeth nag ydynt yn awr, gyda'r teuluoedd lluosog ar bob ffarm. Pawb yn adnabod ei gilydd, ond erbyn hyn, mae 'na bobl yn byw ar y ffarm agosaf atoch chi, efallai, nad ydynt yn adnabyddus o gwbl i chi, a hwyrach brin wedi eu gweld o gwbl. Nid felly roedd hi gynt. Ers talwm, peth wedi ei gyfyngu i'r dinasoedd a pheth i ni ryfeddu ato oedd bod heb nabod pobol y drws nesaf.

Mae amryw o'r rhai sy'n berchen ar ffermydd ac yn eu gweithio hefyd yn byw yn y dref er mwyn hwylustod. Gweithio ar eu ffermydd yn ystod y dydd a dychwelyd i'w cartrefi fin nos at eu teuluoedd, eu diddordebau . . . a'r teledu.

Mae poblogaeth y ffermydd mor brin o blant erbyn hyn, nes gorfodi'r awdurdodau, er mwyn gallu cadw'r ysgolion ar agor, i ddod â phlant o ardaloedd tlotaf y trefydd i wneud i fyny'r rhif angenrheidiol. Hynny eto, weithiau, yn gallu creu problemau hefyd, gwaetha'r modd.

Wnaf i ddim ceisio mesur a phwyso rhinweddau a diffygion doe a heddiw, nac ychwaith o gwbl hiraethu am a fu a gofidio na ddaw doe yn ôl. Dim ond gweld y gwahaniaethau a'u derbyn, gan nad oedd gynt ddim o gyfleusterau, na themtasiynau, heddiw i'w cael.

Ar ryw olwg, efallai fod mwy o undod yn y boblogaeth i raddau oherwydd newid yr iaith. Mewn amser a fu, bu llawer i gamddealltwriaeth difwriad rhwng y trigolion a'i gilydd yn unig oherwydd na allai yr un ohonynt gyfathrebu yn naturiol â'r llall. Yn ddiau, mae'r priodasau cymysg wedi cyfrannu'n sylweddol tuag at hyn. Mae 'na ran mor helaeth o'r boblogaeth bellach yn perthyn i'r garfan yma, bron na ddwedwn y mwyafrif ambell dro.

Efallai y gallwn hefyd rannu'r boblogaeth yn ddwy ran. Ac mewn gwirionedd byddai'n fanteisiol rhannu'r ymdriniaeth hefyd o ddau safbwynt er mwyn gallu gwneud chwarae teg â'r testun.

Mae 'na ran ohonom o hyd sy'n ymwybodol o'r tras Cymreig, yn hyddysg yn hanes yr antur fawr o sefydlu'r Wladfa Gymreig a'r hyn a wneir hyd y dydd heddiw i gadw hynny mewn cof a gofalu fod yng nghyrraedd eraill y modd i gyrraedd at y ffynonellau o wybodaeth angenrheidiol i gael y perspectif cywir ar bethau. Ac mae 'na ran arall, sy'n cynnwys y newydd ddyfodiaid o bob cwr o'r wlad, rhai sy'n hollol anwybodus o'r hyn sy wedi gwneud y rhan fach hon o'r weriniaeth yr hyn ydyw a pheri bod ei diwylliant yn cymharu'n ffafriol ag unrhyw le arall sydd ag iddo gymaint mwy o fanteision, yn addysgol ac economaidd.

A dyna, hefyd, pam y dylid rhoi paragraff i ymwneud â'r llifeiriant o rai nad oedd a wnelo nhw ddim byd â'r 'Cymry' sy'n trigiannu yma, dim ond rhoi rhyw gip o'r tu allan arnyn nhw megis. Ond cyn belled ag yr ydwyf i yn y cwestiwn, mae hynny'n hollol allan o'm cyrraedd gan nad oes gen i ddim digon o adnabyddiaeth o'r rhan yma fel nad ydw i'n teimlo fod gen i awdurdod o fath yn y byd i draethu ar y pwnc. Felly dim ond un agwedd a gewch chi yma. Cipolwg ar fy ngwladfa i. A chofio drwy'r amser fod y Wladfa yma'n cynnwys y gwladfawyr sydd â'u cyndadau yn dod, heblaw o Gymru, hefyd o'r Ysbaen, yr Eidal, yr Almaen, Chile a gwledydd eraill America Ladin ac o'r Dwyrain Canol, ac aml i wlad arall. Felly mae'n naturiol fod gan y rhai yma i gyd ryw gymaint o ddiddordeb yn eu gwreiddiau – Cymreig ymysg eraill – ac i raddau, rhai fwy a rhai lai, yn awyddus i gofio hynny ac i gadw'r traddodiadau yn ôl eu gallu.

Mae 'ma, erbyn hyn, agwedd lawer mwy goddefol, ac efallai y gallwn i ddweud hefyd, mwy cadarnhaol, na chynt tuag at y Gymraeg, a phopeth Cymreig. Mewn amser a fu, gwaherddid y plant rhag siarad Cymraeg yn yr ysgolion a gwnaed sbort ohonynt am hynny lawer tro hefyd. Tra heddiw mae 'na gynifer o'r athrawon eu hunain o waed Cymreig fel nad ydi hynny yn bod mwyach. A hyd yn oed, mewn rhai ysgolion, mae 'na rai oriau i ddysgu Cymraeg bob wythnos!

Yn ddiamau, mae hyn i'w briodoli i well adnabyddiaeth o bethau. Mae llawer o'r rhai sydd mewn swyddi amlwg erbyn hyn yn rhannol ddisgynyddion Cymreig eu hunain, rhyw hen daid, neu hen nain iddynt wedi dod o Gymru yn eu hymchwil am 'loywach nen' a'i chael yn yr hinsawdd o'r hyn lleiaf, dan wybren las Patagonia a'r haul sy mor braf, er y gall weithiau fod yn bur greulon hefyd.

Un arwydd gweladwy arall o'r newid yma ydi'r ffaith

fod yma amryw, nad oes ganddynt wreiddiau Cymreig o gwbl, hefyd yn awyddus i ddysgu'r iaith, ac amryw ohonynt yn llwyddiannus a rhai ohonynt, hefyd, hyd yn oed yn mentro trio ysgrifennu yn Gymraeg a chael hwyl eithaf da ar hynny, chwarae teg iddyn nhw.

Mae yma fwy o gysylltiad â Chymru nag a fu erioed o'r blaen. Fe ddaeth teithio yn fwy hwylus a phan ellid dweud ddeng mlynedd ar hugain a mwy yn ôl nad oedd y rhan fwyaf o'r Gwladfawyr erioed wedi bod yng Nghymru, mae i unigolion a chwmnïau deithio tuag yno yn beth digon cyffredin erbyn hyn. Mae amryw o gorau wedi teithio oddi yma i Gymru yn ystod y blynyddoedd diwethaf yma a hefyd gorau o Gymru wedi ymweld â ni yr un modd.

Mae'r dawnsio gwerin Cymreig wedi dod yn adnabyddus a chyfle i blant a phobl ifanc gael hyfforddiant ynddo i ddangos eu doniau i rythm y miwsig traddodiadol. Mae gen i braidd ryw feddwl fod llawer iawn gynt heb wybod fod gan y Cymry eu dawnsio gwerin o gwbl. Wel, all neb ddweud hynny bellach. A chofier nad dim ond Cymry sy'n ymddiddori yn eu dysgu a'u hymarfer.

Yn wir, mae'r Wladfa heddiw mewn llawer gwell mantais i gadw'r Gymraeg a'r cwbl a berthyn iddi nag erioed o'r blaen. Ers amryw flynyddoedd mae 'na ddosbarthiadau Cymraeg yn cael eu cynnal yn gyson ac athrawon o Gymru yn teithio yma i roi eu llafur gwirfoddol i helpu trigolion y Wladfa i gadw'r heniaith yn fyw, a rhagor na hynny, i ymgydnabod â bywyd Cymru, ei llenyddiaeth a'i hanes. Mae cyfle i rai o'r disgyblion gael mynychu'r cwrs Cymraeg yn Llambed. Mae amryw eisoes wedi manteisio ar hyn a'r canlyniad i'w weld yn eglur. A pheth braf ydi cael eich cyfarch mewn Cymraeg naturiol.

Mae 'na amryw o ddyddiadau yn y flwyddyn pan mae'r elfen Gymreig yn fwy amlwg. Gwneir sylw weithiau, megis wrth basio, o'r 17 Ionawr a chofio mai ar y dyddiad yma, yn

1891, y daeth y rhifyn cyntaf o'r Drafod allan o'r wasg dan olygyddiaeth ei sylfaenydd, Lewis Jones, Plas Hedd. Wedyn daw Gŵyl Ddewi, pan geir, fel rheol, ddathlu yn y Gaiman, ac wedyn swper neu ginio blynyddol Cymdeithas Dewi Sant, Trelew, a fydd hefyd yn dathlu ei phen blwydd ar y dyddiad yma.

Yna'r Groglith a'r Pasg. Parheir i gynnal Cymanfa'r Ysgolion Sul yn flynyddol, ar yn ail flwyddyn ym Methel, Gaiman a chapel y Tabernacl, yn Nhrelew. Mae'r iaith eto wedi newid, a'r rhai sy'n dod i'r arholiadau'n llai o rif, er bod y plant yn dal eu tir yn dda. Sbaeneg yw iaith cwrdd y prynhawn, ond yn yr hwyr, mae'r gwasanaeth yn Gymraeg.

A chyda dyfodiad y gaeaf, daw'r paratoi ar gyfer yr eisteddfodau lleol. Dwy yn y Gaiman, un a drefnir gan ddisgyblion Ysgol Camwy, y microeistedvod, a'r llall, y minieisteddfod a drefnir gan aelodau Bethel. Bydd cystadlu helaeth a brwdfrydig yn y ddwy yma. Yn Nhrelew cawn yr Eisteddfod Fach, sydd yn cael ei threfnu gan Gymdeithas Dewi Sant ac mae hon eto'n llewyrchus. A rhaid dweud, er mai eisteddfodau bach lleol ydi'r rhain, fod yna gystadleuwyr o bell ac agos yn gweithio ar eu cyfer a chystadlu ar y gwahanol eitemau.

A dyna Steddfod yr Andes a gynhelir yn Nhrevelin. Tua mis Hydref mae dyddiad presennol yr eisteddfod yma. Bydd teithio iddi o'r Dyffryn ac mae'n boblogaidd iawn gan bawb.

Wedyn, fis Medi, dyna Eisteddfod yr Ieuenctid yn y Gaiman. Dyma lle gwelir y plant bach newydd bob blwyddyn yn mentro i lwyfan yr Eisteddfod, a'r rhai hynach yn dringo ynddi o ris i ris hyd nes cyrraedd yr oed i gystadlu yn yr Eisteddfod fawr. Cynhelir hon, Eisteddfod y Wladfa, Eisteddfod del Chubut, mewn neuadd yn Nhrelew, a dyma pryd mae'r cystadlu o bob rhan o'r weriniaeth amlycaf. Corau o bell ac agos yn cystadlu, a chanu yn Gymraeg. Y disgwyl eiddgar i weld pwy fydd enillwyr y Gadair a'r Goron. Dechrau drwy ganu Emyn, neu Anthem, genedlaethol Ariannin, a diweddu'n orfoleddus rywdro wedi hanner nos trwy ganu Hen Wlad fy Nhadau a'r geiriau, 'O bydded i'r heniaith barhau' yn atseinio i gloi'r Ŵyl. Asado ganol dydd wedyn a'r Gymanfa Ganu ym Methel, y Gaiman, cyn ffarwelio â'r ymwelwyr a ddaeth i gydlawenhau â ni.

Mi ddylwn sôn rhyw gymaint am amaethyddiaeth y Dyffryn. Dyna'r hyn fu cynhaliaeth y Wladfa mewn blynyddoedd a fu. Ond yn wir, a'r gŵr wedi ymddeol o ffarmio ers cymaint o flynyddoedd bellach, dydi hynny ddim mor hawdd.

Mae 'na lawer iawn o siarad y dyddiau yma am helpu trigolion y ffermydd i wella'u byd, a'u cynghori i fentro i feysydd amgen na'r rhai traddodiadol o godi gweiriau a thatws a magu anifeiliaid. Cawn weld maes o law beth fydd yr ateb i hyn a faint fydd ar eu hennill o ddewis y newid os y gwneir hynny.

Un peth sy'n amlwg iawn pa un bynnag. Mae'r ffermydd a fu gynt yn gynhyrchiol erbyn hyn yn ddi-raen a llawer o'r tir yn cael ei adael i redeg yn wyllt eto'n ôl i'w stad gyntefig. Mae bron yn amhosibl cael dynion i weithio ar y tir ac er bod cwyno oherwydd diweithdra 'does na neb yn barod i fentro i'r wlad i chwilio am waith ac maen nhw'n hollol ddiamcan am y gangen yma o lafur. Gynt, byddai bechgyn ifanc yn awyddus i ddysgu'r grefft o ffermio gyda rhyw ffermwr profiadol ac ennill cyflog yr un pryd. Ac roedd amser cynhaeaf, torri'r gwair, a'i gario, codi'r tatws ag ati, heb sôn am y dyrnu, yn amser difyr iawn. Doedden ni ddim yn teimlo ei fod yn waith trwm o gwbl rywsut, nid fel heddiw, pan mae popeth yn pwyso'n drwm ar ysgwyddau'r ychydig sydd o hyd ar eu ffermydd. A'r rheini'n bobl mewn oed y rhan amlaf ac yn teimlo'n ddigon trist yn aml o weld yr hyn a feithrinwyd ganddynt yn dirywio o flwyddyn i flwyddyn.

Ond mae 'na fanteision na cheid mohonynt gynt hefyd. Fel ymhob man mae llawer gwell darpariaeth ar gyfer iechyd, mae gan bron bawb ryw wasanaeth cymdeithasol ar eu cyfer ac yn ogystal mae gan y rhai sydd wedi ymddeol gyfle i fwynhau teithiau i wahanol rannau o'r wlad am brisiau rhesymol iawn. Ac ar y cyfan mae bywyd yn llawer esmwythach nag y bu, a chyfran dda o'r boblogaeth yn cyrraedd i oedran teg mewn meddiant o'u cyneddfau ac yn mwynhau iechyd gweddol o ystyried eu hoedran. Mae yma gartrefi ar gyfer y rhai na allant aros mwy eu hunain neu gyda'u teuluoedd, rhai preifat ac eraill yn perthyn i'r wladwriaeth. Does neb eisiau mynd iddynt, wrth gwrs, ond mae'n fendith eu cael mewn rhai amgylchiadau.

Mae cyfle i bobl ifanc gael cartrefi teilwng yn gynnar ar eu bywyd drwy fanteisio ar unrhyw un o'r amryfal gynlluniau sydd ar gyfer hyn.

Mae 'na lu o ysgolion meithrin preifat a swyddogol. Mae un Gymraeg yn y Gaiman ac un arall yn Nhrelew. Mae'r ysgolion cynradd yn gofalu am addysg y plant hyd ddeuddeg neu dair ar ddeg oed. Yna'r ysgolion canolraddol mewn amryw gyfeiriadau yn ôl dewis y disgyblion, y rhai yma eto yn breifat neu'n swyddogol. Ac os yn dymuno dal ymlaen ymhellach mae'r Brifysgol yn Nhrelew yn cynnig dewis da o hyfforddiant ar gyfer yr yrfa y dymunir ei dilyn. A bydd amryw yn mynd i Buenos Aires i astudio.

Rhoddir, hefyd, le amlwg i dwristiaeth y dyddiau yma. A dyma lle mae pethau 'Cymreig', neu'n hytrach Wladfaol, yn cael cryn dipyn o sylw. Yn sgil dathlu Gŵyl y Glaniad gyda the parti yn y prynhawn a chyngerdd yn yr hwyr, daeth ein harferiad o gael te hefo bara menyn, jam a chaws a gwahanol fathau o deisennau yn adnabyddus i'r 'cenhedloedd eraill' fel y gelwid y rhai o'n cylch flynyddoedd yn ôl. Wedi hynny dechreuodd rhai drefnu te yn y trefydd ar gyfer unrhyw un a ddymunai gael paned yn y pnawn. Bu'r syniad yn llwyddiannus iawn fel erbyn hyn mae yma lu o *casas de te* yma ac acw yn y Wladfa ac yn enwedig yn y Gaiman. Nid yn unig ddisgynyddion y Cymry fydd yn eu rhedeg ychwaith. Mae amryw o'r trigolion wedi hoffi'r syniad ac yn rhoi'r gwasanaeth yma hefyd. Fel rheol, maen nhw'n trio cael personau o dras Cymreig i gydweithio â hwy er mwyn sicrhau bod y naws arbennig sydd i hyn yn dal yno. Gyda'r teithiau i weld y morfilod a'r *penguins* a'r morloi yn atyniadau i filoedd o ymwelwyr bob blwyddyn, mae mynd i gael te hefyd yn rhan o'r rhaglen a drefnir ar eu cyfer.

Gellir hefyd brynu teisennau. Mae'r deisen ddu draddodiadol a oedd, ac sydd o hyd, yn rhan o bob dathlu teuluaidd, bydded ben blwydd, Nadolig, bedydd neu briodas, wedi dod yn adnabyddus a chymeradwy dros ben ac yn cael ei hadnabod wrth yr enw *torta galesa* neu *torta típica galesa*. Mae yma gryn dipyn o rai sy'n ymddiddori yn ei chynhyrchu ar raddfa eang ac yn bur llwyddiannus hefyd.

Ac efallai fod hyn yn gystal esiampl â'r un o'r uniad rhwng y traddodiad Cymreig a'r traddodiad Archentaidd. Fel y mae'r *asado* bellach i ninnau yn rhan o'n dathliadau i'w fwynhau ganol dydd neu fin nos, daw'r deisen ddu i gadw ei lle hithau a sicrhau fod yr ŵyl yn gyflawn.

A'r un modd mae'r canu yn cymryd ei le yn naturiol ymhob dathlu, ac efallai chwarae cardiau o ran tipyn o hwyl. Y cardiau ysbaenig fydd yn cael eu defnyddio fel rheol. Mae'r canu yn cynnwys hen ganeuon Cymreig, ambell emyn a chaneuon gwerin Archentaidd. Fel mae'r cwbl oll yn ymuno i gadw'n fyw yr ysbryd unigryw sydd yn nodweddiadol o'r Wladfa, ddoe a heddiw.

Ond cyn cau'r mwdwl ar hyn o ysgrif, mi ddylwn ddweud fod y Wladfa bresennol yn cynnwys tri math ohonom. Y rhai sydd o dras Cymreig heb eto gymysgu â chenhedloedd eraill, y rhai sydd yn rhannol Gymreig, ac wrth gwrs, y rhai sydd heb waed Cymreig o gwbl. A gellir eto rannu'r rhan gyntaf yn ddwy, y rhai sydd o hyd yn cadw'r iaith Gymraeg a'r lleill sydd yn hollol Gymreig yn ethnig ond heb allu siarad Cymraeg. Mae amryw o'r rhai yma eto yn deall tipyn ond heb fod yn gallu ei siarad, yn rhugl o'r hyn lleiaf.

Mae 'na raddau o foderniaeth hefyd yn ei nodweddu. A dyna lle y byddaf i weithiau yn teimlo fy hunan braidd allan o'r oes gan fy mod i, hyd yn hyn, yn byw mewn byd di-gompiwtar a di aml beth arall sy'n hanfodol i fod i fyny â'r dydd.

Pa un bynnag am hynny, ar fy hen deipiadur sy wedi bod mor ffyddlon i mi ers dros ddeng mlynedd ar hugain bellach, gryn dipyn mwy na hynny a bod yn fanwl, y rhoddaf ryw gipdrem ar y gornel fach yma sy'n dal i gario o hyd, i rai ohonom, yr enw y Wladfa. Er nad yw hi o bell ffordd yr hyn a freuddwydiodd ei sylfaenwyr amdani, mae wedi dod yn gartref annwyl iawn i lu o'u disgynyddion; ac er treiglad y blynyddoedd a'r holl newidiadau a fu, mae'r cwlwm cyd rhyngom a'r Hen Wlad yn parhau mor gadarn ag erioed ac yn edrych yn debyg o barhau felly eto am lawer blwyddyn i ddod.

A hyn oll heb achosi yr un anhawster i Ariannin na Chymru. Hir y parhaed hyn ac yn sicr, dyma fydd y deyrnged orau oll a ellir ei rhoddi i'r Hen Arloeswyr a phawb a geisiai ddilyn yn ôl eu camrau hwy a'n *próceres*, sylfaenwyr Gweriniaeth Ariannin.

Gweneira Davies
de Gonzâlez de Quevedo

Eilyw Pritchard

Arel Hughes de Sarda

May Williams de Hughes

Erie James

Esther Evans de Hughes

Irma Hughes de Jones

Luned Vychan Roberts de Gonzâlez

Erw Fair, ble ganed ac y magwyd Irma Hughes de Jones ac
Arel Hughes de Sarda *(tud. 22-25, 58-64)*

Irma ar y ffarm ynghanol y gwartheg
(tud. 22-25)

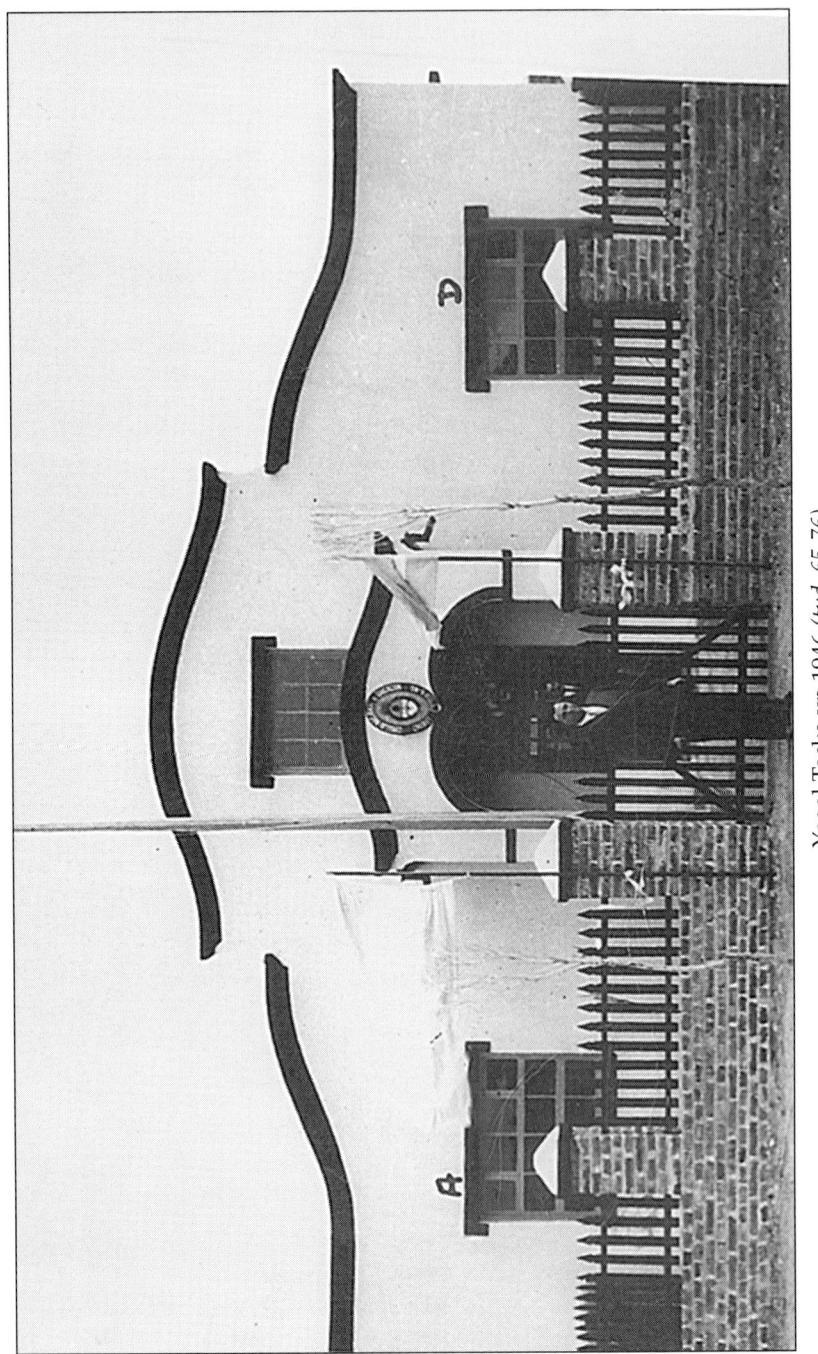

Ysgol Tecka yn 1946 (*tud. 65-76*)

Lizzie Freeman de Roberts a rhai o'i phlant *(tud. 77-82)*

Lotty Roberts de Hughes, ei gŵr Emrys a'u plant,
o'r chwith i'r dde: Caeron, Elgar, Alwina ac Ivor *(tud. 77-82)*

Alwina Hughes de Thomas, ei gŵr Elwy a dwy o'u merched
(tud. 77-82)

Cadair Eisteddfod 1880
a enillwyd gan
Thomas G. Pritchard
(Glan Tywi)
(tud. 83-100)

William H. Hughes
(Glan Caeron)
yn gwisgo'r goron a
enillodd yn 1909
(tud. 83-100)

Clawr rhestr testunau Eisteddfod y Wladfa 1914
(tud. 83-100)

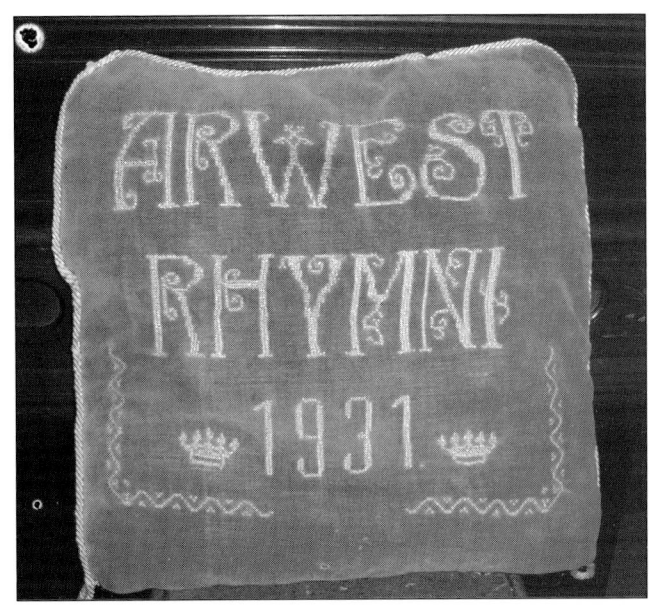

Clustog wnaethpwyd ar gyfer Arwest Rhymni 1931 *(tud. 83-100)*

Irma Hughes de Jones yn ennill ei chadair gyntaf yn 1946 *(tud. 83-100)*

Y GWIR YN ERBYN Y BYD

DUW A PHOB DAIONI

CALON WRTH GALON

1865-1965

Eisteddfod Gadeiriol Canmlwyddiant y Wladfa

Rhestr o'r Testynau

Eisteddfod del Centenario del Chubut

Temas de los Certámenes

TRELEW

Hydref 30, 1965

Cymdeithas "Dewi Sant"

Octubre 30, 1965

Sociedad "San David"

Rhestr testunau Eisteddfod y Canmlwyddiant 1965
(tud. 83-100)

Y llwyfan yn barod ar gyfer seremoni cadeirio'r bardd yn 1965, gyda Morris ap Hughes yn arwain
(tud. 83-100)

Gosod carreg sylfaen sgwâr Sarmiento yn 1924
(tud. 101-113)

Walter Caradog Jones,
ei wraig Cathrine a'u plant
(*tud. 101-113*)

Bedd Walter Caradog Jones
a'i wraig Cathrine ym
mynwent Gaiman

Ffos ddyfrio y tu allan i Gaiman
(tud. 114-132)

Elizabeth Ann (Eliza), Lewis Pennant a Blodwen Camwy Dinmol
(y drydedd genhedlaeth) *(tud. 133-148)*

Y bedwaredd genhedlaeth, o'r chwith i'r dde:
Irfonwy, Hanzel, Gweneira ac Arthur Glyn Davies yn 1949 *(tud. 133-148)*

Pont yr Hendre a godwyd yn lle'r un wreiddiol, ond sydd bellach yn 'hen Bont yr Hendre'
(tud. 150)

1998 – Eisteddfod Bro Ogwr

Ofergoelion
Erie James

'Tyrd i ni gael sgwrs fach a chofio am rai o'r hen ofergoelion a rhai newydd.

Beth wyt ti'n feddwl pan mae dy lygad chwith yn cosi?'
'Mae nghariad yn cofio amdanaf.'
'Ac os bydd dy glust dde yn cosi?'
'Mae rhywun yn siarad yn dda amdanaf.'
'Ond os ydy dy glust chwith di yn cosi?'
'Hmm! Mae rhywun yn tynnu fy nghroen i.' (Yn lladd arnaf.)

'Bydd yn ofalus, mae'n well peidio plannu *hortensia* (*blodau seithliw*) o gwmpas y tŷ. Mae'n golygu bod dim un ferch o'r cartref hwn yn mynd i briodi.

Os ydy dy gariad yn dod i edrych amdanat, gofala bod pob drôr o bob celficyn ar gau yn daclus a bod tapiau'r tŷ ddim yn colli dŵr rhag ofn iddo feddwl dy fod ti yn un flêr ac iddo fynd i chwilio am rywun mwy taclus.

'*Marinero defrente, Amor presente.*'
Os gwrddi di â morwr wyneb yn wyneb mae 'na gariad o gwmpas.

Ambell waith mae dwy lwy yn croesi ar y bwrdd. Mae'n arwydd bod rhywun yn mynd i briodi.

Bydd yn ofalus os bydd dy bais yn y golwg, mi elli di golli dy gariad.

Mae'n rhaid bod yn ofalus wrth wneud trefniadau:
De viernes ni de martes
No te cases ni te embarques
(Dydd Gwener neu ddydd Mawrth, paid priodi na mynd ar daith.)

Os weli di seren yn syrthio, gofyn am dri dymuniad. Yn ôl pob tebyg mae hyn yn digwydd yn aml.

Syniad cyffredin iawn ydi, os wyt am i dy briodas fod yn llwyddiannus, mae'n well i dy gariad beidio dy weld cyn y seremoni, na bod dim syniad ganddo pa fath o ffrog wyt yn mynd i wisgo. Peth arall, dim ond y briodferch sydd i fod i wisgo gwyn.

Mae'r haul i fod i ddisgleirio ar y fodrwy ryw adeg o'r dydd. Os digwydd hyn gelli sicrhau dy fod yn mynd i fod yn hapus iawn.

Mae'n arferiad i'r gariadferch wisgo rhywbeth glas, rhywbeth hen a rhywbeth benthyg er mwyn bod yn hapus. A hefyd wisgo gardas las. Yn Argentina mae'r gariadferch yn codi ei ffrog, tynnu'r ardas a'i lluchio i'r merched sy yno iddyn nhw gael lwc dda. Ffordd arall i chwilio am lwc dda ydy i fam y briodferch a neb arall wisgo glas.

Mae'r briodferch i fod i daflu ei thusw blodau dros ei hysgwydd dde â'i chefn at ei ffrindiau dibriod, a'r sawl wnaiff ei ddal sy'n priodi gyntaf.

I wneud yn siŵr nad yw ddim yn mynd i lawio y diwrnod

hwnnw, mae'n rhaid rhoi basged o wyau yn yr eglwys. Gwell byth os oes yna leian i'w derbyn. Os wnaiff lawio rhyw adeg o'r dydd a'r haul yn disgleirio yn rhyw fan – mae hyn yn digwydd yn yr haf ambell waith – mae'n arwydd fod yna briodas arall yn fuan. Os bydd yr haul yn disgleirio a hithau'n glawio mae'n arwydd bod hen wraig yn priodi.

Paid ag anghofio, os wnaiff rhywun gael damwain a thaflu gwin ar y bwrdd, lwc dda i bawb, os wnewch chi wlychu eich bysedd ynddo a tharo eich talcen. Bydd yn ofalus efo'r halen, os bydd rhywun yn gofyn amdano, paid â'i roi o yn ei law, ond ei osod ar y bwrdd yn ymyl y sawl sy wedi gofyn amdano, ac iddo fo ei gymryd o'r fan honno. Petai rhywun yn colli halen ar y bwrdd neu unrhyw le, y peth gorau ydy cymryd mymryn bach a'i luchio fo dros dy ysgwydd chwith dair gwaith i atal anlwc. Mae rhai yn dweud mai'r Rhufeinwyr sy wedi creu yr ofergoel hon achos fod yr halen yn brin.

Pan mae storm mellt a tharanau yn agosáu mae'n rhaid gwneud croes ar y llawr efo halen a gosod bwyell arni, lle bod y storm yn difetha dy gynhaeaf. I rwystro unrhyw ddamwain mae'n rhaid croesi dy fysedd, sef bys yr uwd a'r bys mawr. Ffordd arall ydy cau dy ddwrn ond gadael bys yr uwd a'r bys bach yn syth. Mae pobl Brasil yn credu mewn cau eu dyrnau ond gosod y bys bawd rhwng bys yr uwd a'r bys mawr i hel yr anlwc i ffwrdd. *Figa* ydi'r enw, o Affrica meddai rhai. Rai canrifoedd yn ôl dim ond dynion oedd yn gwneud yr arwydd hwn i ddangos *machismo*. Heddiw mae 'na rai dyrnau wedi eu gwneud efo pren neu garreg a'r merched hefyd yn eu defnyddio i gael lwc dda, yn enwedig os ydyn nhw wedi eu cael fel anrheg.

Mae garlleg yn dod â lwc dda. Rhaid gosod rhes o arlleg yn

crogi yn y gegin, neu saith mewn dysgl ar y bwrdd, ond dydy hyn ddim yn atal yr anadl drwg!

Pan oedd gyda ni arholiad anodd yr oeddem yn mynd i'r ardd i chwilio am glofer â phedair deilen i gael help i ddod allan yn llwyddiannus.

Os oes gen ti goeden *barba de chivo* (coeden o Dde America) yn tyfu yn dy ardd, bydd yn ofalus, mi all fod damwain yn y teulu. Mae'n beth da bod â phlanhigyn o *ruda macho* (ruta graveolens) yn tyfu ar yr ochr dde i'r drws neu'r glwyd i gadw'r afiechydon i ffwrdd. Dydi o ddim yn beth da cymysgu blodau gwyn a choch mewn pot yn y tŷ. Fe all rhyw berthynas farw. Peth i dynnu arian ydi rhoi basged fach yn llawn cnau o bob math, conau pinwydden, cyll etc. ar ben bwrdd yn y gegin.

Mae breuddwydio efo llau hefyd yn denu arian. Mae cael eliffant wedi ei gerfio mewn pren neu garreg a'r trwnc ar i fyny, a'i osod yn edrych am y ffenest yn denu gwaith, ac felly cyflog.

Mae rhai yn credu bod cario troed cwningen yn dy boced yn dod â lwc dda iddyn nhw, ond dydi'r morwyr ddim eisiau clywed sôn amdanynt yn fyw am eu bod yn bwyta pob rhaff ar y llong.

Mae'n well bod yn ofalus os bydd mwy nag un frân yn hedfan o gwmpas dy dŷ. Fe all damwain ddigwydd yn y teulu. Mae'r gwdihŵ yn dychryn llawer iawn er eu bod yn byw yn yr holl fyd. Yn ein gwlad ni os wnaiff hi sefyll i gysgu ar ben y tŷ neu ar goeden yn agos mae'n golygu ei bod yn edrych ar ôl y tŷ. Mae rhai eraill yn credu ei bod yn dod ag anlwc iddynt.

Nid yw breuddwydio am neidr yn arwydd da, ond mae cario clychau'r neidr stwrllyd yn dy boced yn help i wneud busnes llwyddiannus. Paid byth â lladd pryf copyn na distrywio ei nyth na'i we. Mae hyn yn anlwcus.

Sut wyt ti'n teimlo pan fo cath ddu yn croesi o dy flaen di? Os mai o'r chwith i'r dde, popeth yn iawn, lwc dda i ti, ond os am y chwith mae hi'n mynd, bydd yn ofalus.

Os wnei di ddod o hyd i gragen, cadw hi'n saff. Mae'n golygu bod yna arian ar y ffordd. Dydy pres ddim yn dod ag iechyd, ond mae'n dipyn o gymorth.

Mae cŵn ambell waith yn nadu ac udo yn y nos, a hyn yn rhoi ias oer i rai pob, achos eu bod yn credu ei fod yn arwydd o farwolaeth yn y teulu. Arwydd arall o ddamwain yn y teulu ydy'r gornchwiglen (*tero*) yn hedfan a sgrechian o gwmpas y tŷ, ond mae'r rhan fwyaf yn credu mai'r bobl sy'n hela sy wedi cynllunio hyn, achos mae'r adar yma yn gwneud cymaint o sŵn ac yn rhybuddio'r hwyaid a phob anifail arall sy o gwmpas.

Paid â phoeni os wnaiff rhyw aderyn faeddu dy ddillad. Lwc dda i ti, yn enwedig os mai colomen oedd hi.

Os ddoi di ar draws chwilen a honno yn un goch, gorau byd, lwc dda i ti. Mae rhai yn cadw chwilod ffug o bren neu garreg yn eu tai.

Mae peunod yn adar hardd iawn, yn hawdd i'w magu, ond yn ôl rhai does dim lwc i'r sawl sy yn eu cadw. Maen nhw yn adar swnllyd iawn, efallai mai'r peth gwaethaf all ddigwydd ydy dy gadw yn effro drwy'r nos, a'r peth da ydy bod eu clust mor fain, ac felly yn deffro'r cŵn a'r rhai hynny yn ymosod ar unrhyw beth diarth sy o gwmpas y tŷ.

Mae'r rhif tri ar ddeg yn rhoi ias oer i'r rhan fwyaf o Gristionogion, cymaint felly yn rhai gwledydd nes eu bod yn dileu y llawr hwn mewn adeilad. Y rhif saith – tybed fod o'n wir? - os wnei di gael raffl yn gorffen efo saith mae'n golygu dy fod yn mynd i ennill.

Fel mae llawer yn gwybod, mae 'ma dipyn o yfed mate (ilex Paraguayense) yn y Wladfa. Os byddwch yn ei estyn i rywun efo eich llaw chwith, mae'n golygu diystyrwch a gwawd all orffen mewn ffrae. Ac os wnei di estyn y mate a'r dŵr ychydig bach yn oer, mae hyn eto'n dangos diystyrwch, a'i fod yn hen amser i'r ymwelydd fynd adref – a pheth arall, fe all gael poen bol.

Difunta Correa. Mae'r hanes yma yn gyffredin iawn yng ngogledd Argentina. Sôn am wraig a'i baban yn ei breichiau yn y ganrif ddiwethaf yn penderfynu mynd i chwilio am ei gŵr oedd yn filwr, a cherdded am ddyddiau ar hyd y mynyddoedd. Aeth pobl i chwilio amdani hi a chael hyd iddi wedi marw ond y plentyn yn fyw yn gwneud ei orau i gael llaeth. Ar ôl hynny mae'n arfer adeiladu allorau bach ar ochr y llwybrau. Mae'r gwragedd sy yn disgwyl plentyn yn credu wrth osod potel yn llawn dŵr wrth yr allor, bydd gyda hi ddigon o laeth i fagu ei baban. Mae'r eglwys pob hyn a hyn yn gyrru rhai i chwalu'r lle yn rhacs.

Mae 'na bobl â'u golwg yn gryf dros ben ac felly yn gwneud drwg i iechyd rhai eraill. *Mal de ojo* mae'n cael ei alw. Os digwydd hyn i ti mae'n rhaid i ti fynd i weld *curandera*, person sy'n gwella drwy ffydd.

Mae'r lliw gwyrdd yn golygu gobaith i rai, a rhai eraill yn gofalu na fydd dim tamaid o'r lliw o'u cwmpas am ei fod yn denu anlwc. Mae'r lliw coch yn dod â lwc dda. Mae'r bobl ifanc yn credu dipyn yn hyn ac yn defnyddio rhuban neu wlân coch am eu harddyrnau a hefyd yn clymu rhuban coch ar y cerbyd a hwnnw'n llusgo ar y llawr.

Nid yw'r actorion byth yn gwisgo lliw melyn ar y llwyfan os ydyn nhw eisiau bod yn llwyddiannus.

Os wnei di gwrdd â pherson â chroen tywyll ganddo paid ag anghofio cyffwrdd dy ben-lin. A gofala beidio cyffwrdd dy benelin os digwydd ei daro yn rhywbeth. Mewn tref fawr, os digwydd i ti gwrdd â pherson cloff mae'n arwydd dy fod yn mynd i gwrdd â rhywun adnabyddus.

Mae rhai merched yn brysur iawn ac wrth wnïo yn pigo bys. Os mai'r bys bawd ydi o, mae'n arwydd o lawenydd, bys yr uwd, diflastod, yr hirfys, derbyn llythyr, bys y fodrwy mae 'na gariad ar y ffordd, y bys bach – arian yn dod i ti. Os ydy cledr dy law dde di yn cosi, crafa fo ar gornel y bwrdd a phryna raffl. Mi all ennill. Os mai dy law chwith sy'n cosi, mae'n berygl iti golli arian.

Mae'n well codi o'r gwely ar yr ochr dde a gosod dy droed dde ar y llawr gyntaf. Mi gei ddiwrnod bendigedig. Peth arall i fod yn ofalus ydy peidio canu cyn brecwast. Mi elli grio cyn swper.

Os weli di'r lleuad newydd dros dy ysgwydd dde, mae eisie iti ddymuno rhywbeth, ond rhaid ei gweld heb sbectol a'r ffenestr ar agor. Os oes gen ti ddafaden ar dy fys ac eisiau ei gwared mae'n rhaid iti ei chwythu i'r lleuad newydd dros dy ysgwydd dde. Mewn wythnos fydd hi ddim yna.

Os ddoi di o hyd i arian bach $.05, cadw fo'n saff. Mae o yn denu rhagor o arian ac iechyd da. Yr un fath efo pedol, cadw hi yn y tŷ os oes yna saith twll ynddi. Peth arall sy'n dod â lwc dda ydi dod o hyd i *chupete* (dymi) ar y llawr. Mae'n anodd heddiw achos mae'r plant yn ei gario am eu gwddf efo llinyn.

Os wyt ti yn mynd ar daith, cofia osod ychydig o siwgr yn

dy fag ac arian bach yn dy boced. Ac os ddoi di i gwrdd â cherbyd a dim ond un golau ynghyn bydd yn dawel, mi fydd popeth yn iawn. Cofia, paid byth â gosod dy fag ar y llawr. Mi golli dy arian. Os doi o hyd i fotwm bach gwyn â phedwar twll ynddo, cadw fo'n ofalus. Mae'n dod â lwc dda. Mae pin bach â phen iddo hefyd yn dod â lwc dda os wnei di ei godi oddi ar y llawr.

Fedri di ddim disgwyl newyddion da os wyt ti wedi breuddwydio efo dannedd. Paid agor dy ambarél yn y tŷ nac o dan do. Dydy o ddim yn beth ffodus. Mae rhai'n credu bod cynnau tair sigarét ar y pryd eto'n dod ag anlwc. Ond i atal pob anlwc mae'n rhaid i ti gyffwrdd darn o bren heb ddim coesau.

Mae dod ar draws hen esgid a'i gweld dros dy ysgwydd dde yn golygu lwc dda. Ond paid â gosod pâr o hen esgidiau ar y bwrdd. Os wnei di gwrdd ag angladd, saf a rhoi tri thro cyn dal ymlaen i gerdded. Mae hyn yn torri'r anffawd.

Gwna dy orau i beidio gollwng dy grib na dy siswrn i'r llawr. Dydy o ddim yn arwydd da. Bydd yn ofalus efo'r drychau. Os digwydd i ti dorri un mi gei di anlwc am saith mlynedd.

Peth arall sy'n achosi anlwc ydy cerdded o dan ysgol ond efallai mai'r peth gwaethaf all ddigwydd ydy i'r bwced paent syrthio am dy ben di.

Paid â chroesi dwy gyllell. Mae hyn hefyd yn dod ag anlwc, y rhan amla ffrae yn y teulu. Ond os wyt ti yn mynd mewn trên neu fws a chael tocyn *capicúa*, sef dy fod yn gallu ei ddarllen o'r chwith i'r dde ac yn ôl (fel gyda 12321) yr un fath, mae'n golygu taith dda.

Os wnei di wisgo fy bwlofer o chwith rwyt yn mynd i gael anrheg. Os gei di ryw anrheg wedi ei lapio efo papur, er mwyn cael rhagor o anrhegion mae'n rhaid i ti falu'r papur yn rhacs.

Mae 'sgrifennu heb ddilyn y llinell, gan fynd ar i fyny, yn dangos dy fod yn berson yn llawn hyder.

Mae dod o hyd i gneuen Ffrengig a phlisg honno yn agor yn dri, o'i chadw'n saff yn dod â lwc dda.

Os wyt ti'n dathlu dy ben blwydd gwna dy orau i chwythu pob cannwyll yr un pryd neu fydd hi ddim yn flwyddyn dda i ti.

Ambell waith mae'r jam eirin yn dod yn llawn cerrig. Gosod nhw ar y plât yn un rhes. Os mai un sydd, mae dy gariad yn dy garu, os dau, mae o neu hi yn dy garu yn fawr iawn, os tri, dy garu ychydig, pedwar dim cariad o gwbl. Mae rhai yn credu yn fawr iawn mewn dail te neu lwch coffi. Lwc, anlwc, cariad, anrheg etc., mae'n dibynnu beth mae nhw wedi ei weld. Ond paid â phoeni, mae golchi'r cwbwl efo finegr yn gyrru pob drwg i ffwrdd.

Rhyw fath o ddiffyg traul ydi *empacho*. Mae plant bach yn ei gael yn aml. I wella hwn mae'n rhaid galw ar berson, merch y rhan amla, sy'n gwella drwy ffydd ac mae honno'n rhwbio a llacio croen y cefn nes ei fod yn clecian. Os wneith o'r sŵn hwnnw mae'r plentyn yn gwella'n syth. Os na wnaiff y croen glecian nid *empacho* ydy o.

Mae cario taten fach amrwd o gwmpas dy gorff yn arbed i ti gael cryd y cymalau. Mae'r daten yn crebachu i ddechrau ac yn araf deg yn troi yn garreg ac yn dy gadw heb gael y clefyd.

1999 – Môn

O'r Wlad i'r Dref:
byw yn y Wladfa yn y 40au a'r 50au
Arel Hughes de Sarda

Bu i'r blynyddoedd hynny basio heb i mi eu teimlo. Roeddwn dipyn allan o gymdeithas Gymreig y Wladfa ac felly fy nghof am fywyd y Dyffryn sydd braidd yn niwlog. Ond ceisiaf roi rhyw lun o fy mywyd personol; sut y pasiais *i* fy nyddiau yr adeg honno.

Cefais fy magu ar ffarm yn ardal Treorci, ac mae'r cof am fy mhlentyndod yn felys iawn. Y peth pwysig i mi yr adeg honno oedd bod yno ddigon o le i chwarae; cacau agored, gardd ffrwythau lawn, llaeth a menyn, wyau ac ieir, cysylltiad agos â natur, efo'r gwartheg a lloi bach, cŵn a chathod. Roedd yna lawer math o adar a minnau yn adnabod eu henwau, eu nythod a'u hwyau, gan chwilio am eu nythod yn y twmpathau.

Cofiaf ymhlith eraill am y Robin Goch, y Wennol, y Dryw Fach, Deryn Du, y Cantwr, y *gorrión*, a Deryn Bach y Drws, ac yr oedd cwyn y colomennod gwyllt yn gwmni di-ddiwedd. Os deuai rhyw dderyn newydd i'r golwg yr oedd yn destun siarad, a rhoi enw newydd arno.

Byddem yn mynd i'r capel bob dydd Sul, a chael ychydig o ysgol ddyddiol Ysbaeneg hefyd oblegid fod yr athrawon yn brin a dim ond tri dosbarth oedd i gael. Cofiaf fy anhawster i ddeall yr athrawon yn egluro'r syms i ni, oblegid ni siaradem ddim ond Cymraeg yn y cartref.

Bu fy ieuenctid hefyd yn llawn brwdfrydedd. Gwneud penillion, chwarae gyda fy chwaer, esgus cystadlu efo fy chwaer, darllen a gweu wrth olau cannwyll, godro a gwneud menyn, darllen wrth droi'r fuddai, darllen wrth ysgubo'r llawr, canu ar bob awr, fy chwaer yn chwarae'r organ neu'r *armonio* a minnau'n canu nerth esgyrn fy mhen.

Byddem yn mynd i Ysgol Gân weithiau, i gapel Treorci neu i dŷ cymydog, neu i'r Gaiman, neu i Drelew, yn enwedig yn y gaeaf.

Byddai rhaid paratoi at y gaeaf. Tua mis Ebrill byddem yn paratoi i gadw menyn yr oeddem yn ei drin am dri diwrnod hyd nes yr oedd y llaeth a'r dŵr wedi ei dynnu i ffwrdd i gyd, a'i gadw mewn potiau mawr at y gaeaf, a rhoi braidd mwy o halen nag arfer ynddo. Peth pwysig arall oedd lladd mochyn a'i halltu a'i hongian i sychu tros y gaeaf a hefyd paratoi *chorizos.*

Yr oedd y gaeaf yn ddifyr hefyd, tân mawr yn y lle tân a'i lewyrch yn gwneud lluniau ar y wal. A'r haf hefyd yn braf. Evan Thomas yn dod heibio bob hyn a hyn a siarad gyda fy nhad am wahanol lyfrau. Yn aml byddai'n cyrraedd gyda'r nos pan oeddem yn godro. Ar aden meddwl teimlaf eto'r awyr lân, aroglau'r beudy a murmur cnoi cil y gwartheg a'u brefu wrth alw at eu lloi.

Daeth adeg rhyfel hefyd, rhyfel Ysbaen i ddechrau ac wedyn rhyfel byd. Cofiaf fy mod yn methu cysgu yn y nos wrth feddwl am y bechgyn oedd yn brwydro – i beth? Yr oedd siarad mawr am bethau *políticos*. Aeth rhai bechgyn adnabyddus i ffwrdd fel *voluntarios,* ac er ein bod yn bell, effeithiodd lawer ar bob peth.

Yr oedd y radio yn ffasiwn newydd, ac nid oedd gan bawb y fraint o gael y fath beth yn y tŷ, a byddai criw yn llenwi'r tai lle roedd yno radio i glywed y newyddion ac yn destun dadlu mawr rhwng y cymdogion – rhai yn Brydeinwyr mawr a rhai yn erbyn, a minnau'n gofyn, pam yr oedd pethau fel yr oeddynt. Ond deuais i adnabod gwahanol wledydd a dinasoedd yn Ewrop oblegid y rhyfel. Yr oedd gennym fap mawr ar y wal a byddwn yn dilyn *o* ba le neu *i* ba le y byddent yn rhyfela.

Cofiaf am y diwrnod y daeth y newydd bod y rhyfel ar ben, diwrnod braf oedd, a'r haul yn dyner a miwsig yn yr awyr, ond yr oedd rhyw dristwch ar fy meddwl, a chofiwn am nofel Erick María Remarque, *Sin Novedad en el Frente (All Quiet on the Western Front)*. Tra'r newyddion trwy'r byd yn cyhoeddi bod heddwch yr oedd bechgyn yn marw o achos y brwydro. Fy nhad yn dweud, 'Biti na fuasai Roosevelt wedi cael byw i weld eu bod wedi ennill unwaith eto.'

Dyddiau caled oedd y blynyddoedd hynny yn Nyffryn Camwy. Nid oedd eto lwybrau da, ac ychydig iawn o foduron oedd i'w gweld, hyd nes y dechreuodd ambell fodur *posguerra* fel Jeep a phethau tebyg gyrraedd.

Fy mhrofiad yn aml oedd mynd i'r Gaiman neu i Drelew i nôl neges ac aml i dro aros mewn pwll o fwd a'r ceffyl yn cael gwaith caled i dynnu'r cerbyd a minnau allan o'r slwts.

Yr oedd pethau'n dechrau newid yn fy mywyd. Yn 1942 collais fy mam wedi cystudd hir a fu dim byd yr un fath wedyn. Yn 1947 priodais, a dechreuodd byd newydd. Yr oedd pethau Cymreig wedi llacio llawer, efallai oblegid i'r rhyfel ein cadw ar wahân, a'r cysylltiad gyda Chymru fod wedi colli tipyn.

Daeth gwaith â fy sylw, a mynd i gymdeithas wahanol a chymysgu â gwahanol bobl, i ddechrau mewn ffarm fawr lle roedd yr arferion yn wahanol. Criw o weision, dim amser neu awydd i fynd i gymdeithas Gymreig, ond er hynny yr oedd fy mywyd yn ddifyr. Paratoi anifeiliaid i'w dangos mewn Arddangosfa un ai yn Nhrelew, neu yn San Julián, neu Puerto Deseado yn Nhalaith Santa Cruz.

Ond daeth newid eto.

Mynd i weithio i *estancia* La Bernarda wrth ymyl Paso de los Indios (Rhyd yr Indiaid) a byw ymhell o'r Dyffryn ac, yn wir, o wareiddiad. Cofiaf un diwrnod wrth deithio o'r Dyffryn i'r *estancia* basio Dolavon a gweld angladd y Parch E. R. Williams, ac roedd fel rhyw dagu yn fy ngwddw fel pe rhywbeth yn fy mywyd yn gorffen.

Lle caled fu Rhyd yr Indiaid, lle oer yn y gaeaf, lle gwyntog a llwch, rhyw dir coch, y dŵr yn brin, yn ffrydio o wahanol darddiadau o'r ddaear, a'i drysori i'r anifeiliaid gyda rhyw fath o argae.

Unig oedd fy nghartref, a gwrando radio oedd fy nghwmni pennaf, ac un diwrnod clywais y newydd fod Evan Thomas wedi mynd o'n byd ni a gadael ei weddw a thri o blant ac yntau yn ddyn ieuanc. Teimlo yn rhyfedd a digalon, fel petai rhan arall o fy mywyd yn gorffen.

Collais fy iechyd wedyn a dod yn ôl i'r Dyffryn, a mynd i weithio wedyn i *estancia* arall i gyfeiriad gwahanol yn dilyn glan y môr i Cabo Raso, lle braf, ychydig o waith a chymdogion agos a charedig.

Bae agored yw Cabo Raso, *golfo* wedi bod am flynyddoedd yn borthladd masnachol, lle roedd trigolion y lle yn cael eu nwyddau. Bu yno dŷ masnach mawr, lle byddid yn derbyn angenrheidiau'r fan, a'u newid am y gwlân a oedd yn gyfoeth y lle. Byddai llongau'n angori yn y porthladd a'r gwlân yn cael ei gario dramor a nwyddau'n cael eu cario i'r lle. Ond erbyn hyn yr oedd y *camiones*, y loriau, wedi cymryd lle'r llongau a'r dre fach wedi troi yn bentref llonydd.

Unwaith bu yno ysgol ddyddiol ond roedd hon wedi cau. Yr oedd yno Dŷ Heddlu, *Post Office*, Tŷ Ynad, a Thŷ Masnach a gwesty bach, a'r dull o gymuno â'r byd oedd y

Telégrafo. Roedd y rhan fwyaf o'r cymdogion, perchnogion yr *estancias*, wedi dod o Ewrop ar ôl rhyfel '14 neu ar ddechrau'r ganrif. Yr oedd yno Almaenwyr, *Suizos, Vascos, Norwegos,* Ysbaenwyr, a Ffrancwyr wedi gweithio'n galed i wneud lle fel Paradwys yn y Paith. Roedd yno dai mawr, tai cyfforddus i'r gweision, blodau a choed gwyrdd a defaid hardd yn pori'r tiroedd. Unwaith yr wythnos pasiai modur y Post gyda llythyrau, a byddai'r cymdogion yn dod i'r pentref i nôl eu neges.

Yr oeddem yn byw wrth ymyl y môr a byddwn yn cerdded gyda'r nos i weld y traeth ac ewyn y tonnau. Ar bob penrhyn yr oedd *faros* oedd yn arweinyddion i'r llongau oedd yn pasio pan fachludai'r haul, ac fel gwylwyr yr oeddynt yn goleuo ac, yn y distawrwydd, mor hardd eu gweld yn wincio. Dim ond sŵn y dŵr ac ambell dderyn yn disgyn arno.

Ar ddydd Sadwrn neu Sul byddem yn mynd am dro. Adnabyddais Santa Elena sydd i'r de fel braich o'r môr yn mynd i mewn i'r tir yn llunio llyn tawel. Adnabyddais le creigiog, cartre'r *pingüinos.* Yr oeddynt yn dod allan o'r ogofâu yn ddiderfyn fel soldiwrs bach a'u plu fel sidan yn eu cotiau du a'u crysau gwyn. Yr oedd yno ynys hefyd yn llawn o *lobos marinos* (blaidd y môr). Yr oedd yno gymaint ohonynt fel, o bell, yr oedd fel 'tai'r ynys yn symud o gymaint ohonynt. Yno hefyd gwelais fedd unig morwr o'r Almaen a fu ar ryw long a fu yn llechu amser rhyfel byd 1914 ac yn ddiweddarach daeth cymdeithion â'r garreg fedd iddo. Mewn rhan arall adnabyddus byddai adar y môr yn dodwy, ac yr oedd yno gannoedd o wyau ac adar a'r rheini yn parablu yn ddi-baid.

Ond daeth newid eto ar fyd. Mynd i fyw ar y *meseta,* lle gwastad heb un goeden yn ymyl, ond ambell dwmpath *tamarisco* a thwmpathau naturiol y lle.

Dod i adnabod dull newydd o fywyd eto, lle moel a'r

melinoedd gwynt yn codi'r dŵr o ddyfnder daear, bymtheg medr o dan y tir a'r gweithwyr yn disgyn i lawr i ofalu bod pob peth yn gweithio yn iawn. Cadw dŵr i yfed mewn *aljibes*, lle mawr tanddaearol a drysorai'r dŵr a ddeuai o'r to. To sinc oedd ar bob tŷ, a hwnnw ar ogwydd a'r dŵr glaw ac eira yn llifo i'r *aljibe,* haf a gaeaf.

Dod i adnabod anifeiliaid bach y camp sych a'r gwahanol dyfiant a'r blodau. Yr oeddem yn byw wrth ymyl y brif ffordd i Comodoro Rivadavia a byddai sŵn y moduron a'r *camiones* yn suo ddydd a nos. Eira mawr yn y gaeaf, a dringo i ben to i glirio hwnnw, y plant yn chwarae, gwneud peli a dyn eira, a rhedeg ar y gyfnas wen a oedd yn cuddio'r tir.

Ond bu un diwrnod gwahanol. Dim sŵn na neb yn pasio; y diwrnod y diorseddwyd *Presidente* Perón. Roedd pob man yn ddistaw, dim un modur yn pasio a'r radio yn dweud y newyddion, i ddechrau fod *Gral.* Lonardi wedi cymryd lle *Gral.* Perón, ac wedyn mai *Gral.* Aramburu oedd ein *Presidente* newydd.

Ond i ni yn ein 'gwlad fechan' ar y paith ni wnaeth fawr o wahaniaeth; y flwyddyn yn wyntog a sych a'r anifeiliaid yn ddigon dilewyrch. Yr oedd bywyd yn ddifyr eto, magu ieir a chywion bach, mynd i mewn i fywyd yr anifeiliaid, gwneud ysgol fach i'r plant i'w dysgu ychydig. Pasio dyddiau cneifio defaid, adnabod gwahanol bobl, pobl o wahanol ran o'r wlad a oedd yn ffurfio'r criw a'r gweision. A phleser mawr oedd cerdded a cherdded rhwng tyfiant gwyllt, adnabod ymlusgiaid bach, a gwahanol adar, a holl eangder y *meseta* yn ymestyn mor bell ag y gallai fy ngolwg gyrraedd.

Yn y nos, a'r nenfwd mawr yn filoedd o oleuadau, clywed udo'r llwynogod, sgrech ambell aderyn, a sŵn cnoi'r ceffylau yn y preseb.

Mae 'na ryw hud yn y paith, tebyg a deimlwn wrth y

môr, rhywbeth yn tynnu ato, rhywbeth yn anodd rhyddhau oddi wrtho.

A daeth y diwrnod i ddod yn ôl i fy Nyffryn tua 1957 er mwyn i'r plant gael mynd i'r ysgol. Cofiaf y daith yn ôl yn araf deg, ac oddi ar y bryniau deuais i olwg y Dyffryn. Yr oedd o'r golwg bron o dan lwch, a'r llwch ddim yn codi gyda'r gwynt, a deuai rhyw wrthwynebiad i fy ysbryd.

A chyrraedd i'r dre a fu, dod yn ôl i 'wareiddiad'; y plant yn mynd i'r ysgol a bywyd yn ddifyr eto. Bu yn anodd iawn i mi arfer ar y dechrau. Wedi cynefino efo rhyddid ac eangder diderfyn fy mywyd diweddar ni allwn bellach fynd allan o fy muarth bach sgwâr heb fynd i diriogaeth rhywun arall, neu i'r stryd, a sŵn diddiwedd y dref ar ôl arfer efo'r distawrwydd. Roedd pob peth yn agos, ysgol, coleg, ysbyty, meddyg a chyfeillion a chymdeithas Gymreig.

Mae dros ddeugain mlynedd er pan ydwyf yn byw yn y dref, ac er bod gennyf ffrindiau, cymdeithas a chwmni a charedigrwydd mawr, nid ydwyf eto wedi gallu dod i arfer â'r sŵn, y rhedeg a'r strydoedd llawn.

Efallai fod natur unig a gwylltineb yn fy enaid. Pa sawl gwaith mae fy nychymyg yn mynd yn ôl at noson dawel a sŵn y ceffylau yn cnoi yn y preseb? Neu fynd yn ôl i ddyddiau fy ieuenctid a'r gwartheg yn cnoi eu cil yn y beudy?

Ond yma yr ydwyf yn y ddinas, a'i miri a'i pheiriannau trystfawr, yn trïo dilyn y *progreso*, ond dipyn ar ôl yr oes.

2000 – Llanelli

Atgofion personol bywyd a gwaith
Gweneira Davies de González de Quevedo

Diddorol fydd darllen hanes bywyd a gwaith yn ôl atgofion personol gan nad oes dau ddyn byw wedi treulio eu hoes yn yr un modd a mesur. Diolchaf yn bersonol am fy mod wedi fy ngeni mewn talaith sy'n perthyn i Batagonia. Diolch am fy ngwreiddiau Celtaidd a fy mherthynas â Chymru ac am fendith Duw am fywyd a gwaith heb fawr o gorwyntoedd croes.

Mewn fferm ynghanol y Dyffryn yma y'm ganwyd, ers dros dri chwarter canrif bellach, ac yn hapus o hyd am fod mor ffodus i dreulio fy mhlentyndod ym mysg natur. Yn y fferm hon trigai fy nhaid a nain, ac yno roedd fy rhieni wedi gwneud eu cartref am rai blynyddoedd. Credaf yn sicr fod bywyd plentyn sydd yn tyfu ynghanol glesni, anifeiliaid dof a gwaith naturiol y fam a'r tad ar dyddyn fel hwn yn ffurfio ei bersonoliaeth a tharo ar ei fywyd am ei oes. Dyma fu bywyd yr hen Wladfawyr ar ôl mentro gadael Cymru a chroesi môr Iwerydd yn 1865. Ar ôl gwaith caled a llawer o aberth llwyddasant i droi tir dreiniog, llwm, sych yn baradwys. Yn ffodus, mae holl drigolion y wlad yn gwerthfawrogi fwy bob dydd ddyfodiad y Cymry i Batagonia, am eu bywyd syml, gonest a'u gwaith anghredadwy.

Pan oedd fy nhad yn llanc di-briod roedd yn cario gwlân a chrwyn defaid a gwartheg o'r camp i'r farchnad. Roedd criw o fechgyn ifanc yn arwain wageni pedair olwyn a gwedd o geffylau yn eu llusgo. Eraill yn eu canlyn neu yn marchogaeth o'u blaen a dyna lle roeddynt yn rhes araf yn mynd am amser maith weithiau, a dim math o ffordd i gysylltu â'r teulu. Cofiaf ddarllen dyddlyfr fy nhaid lle roedd yn dweud bron bob dydd eu bod yn disgwyl Deio ac Evan, ei frawd, yn ôl a Nain yn pryderu yn eu cylch.

Bugeilio'r caeau ar y fferm oedd gwaith fy mam yn ifanc, a chadw i ffwrdd anifeiliaid y cymdogion oedd yn dod drosodd i fwyta haidd a gwenith oedd ei hewyrth yn dyfu. Roedd mam yn eneth amddifad o dad a mam, a chafodd ei magu gan ei modryb.

Wedi gwneud eu cartref roedd gan fy nhad rai peiriannau i weithio ond prin oeddynt yn ystod y dauddegau a phrin oedd yr arian i'w prynu hefyd. Roeddem ni'n dri o blant ac yn aml roedd acw was a morwyn i helpu. Bywyd hapus oedd ein bywyd ni blant: chwarae a chrwydro ynghanol y coed a'r twmpathau uchel, pigog. Yn aml, roeddem yn cael cwmni plant eraill oedd yn ffrindiau i ni ac mi roedd difyrrwch mawr wrth chwarae cŵn yn hela sgwarnogod, neu hel gwydrau a llestri lliwiog i'r tŷ bach, gwylio'r adar yn gwneud eu nythod, gwrando ar y cantwr bach a'r dryw, y robin goch a'r dylluan. Ceisio ein gorau ddod o hyd i nyth y gornchwiglen ond yr oedd hon yn hedfan yn ffyrnig uwch ein pennau ac yn cadw'r fath stŵr er mwyn i ni ffoi i ffwrdd.

Cawsom ein dysgu i gynilo ac i barchu, a helpu, hefyd, y tu mewn a'r tu allan i'r tŷ. Roedd yno berllan a gardd lysiau a phob math o flodau o gwmpas y cartref fel ymhob fferm bron. Amser hel y ffrwythau neu'r corn roeddem yn barod i wneud y dasg ond hefyd cafodd fy mrawd a minnau'r drefn a gwialen ar ein coesau am fwyta ffrwythau gwyrdd yn adeg y siesta aml i waith. Roedd fy mrawd yn cyfaddef a derbyn y gosb, ond roeddwn i yn dengid i guddio ac yna roedd y gosb yn waeth, ac i'r gwely â mi ar fy mhen fy hun. Yr oedd fy rhieni yn gofalu bod y plant yn cael ysgol i ddysgu darllen, ysgrifennu, hanes a daearyddiaeth, gwyddoniaeth naturiol ac ati. Cawsom fynd i'r ysgol ddyddiol o chwech hyd dair ar ddeg oed, neu fwy os buasai angen. Ar ein traed yn cerdded oeddem yn mynd neu ddau neu dri ohonom ar gefn ceffyl. Un athro oedd ar ein cyfer ac yn gweithio gyda'r plant fore a phnawn ac yn ein dosbarthu yn ôl ein gallu. Ar ddiwedd y tymor yr oeddem yn trefnu cyngerdd ac yn gwahodd y rhieni er mwyn iddynt weld eu plant yn actio, canu ac adrodd. Roedd yr athro yn cael caniatâd i drefnu yn y capel er mwyn i'r gynulleidfa gael eistedd yn gyfforddus.

Yn yr ysgol roeddem yn dathlu'r *25 de mayo* a'r *9 de julio* – dyddiau pwysig yn hanes ein hannibyniaeth oddi wrth Sbaen. Byddai'r esgynlawr yn cael ei addurno gyda rhubanau glas a gwyn gan mai dyna yw lliwiau ein baner a phob un yn gosod bathodyn gyda'r un lliwiau ar ochr chwith ein brest ar y ddyscot wen oeddem yn wisgo yn ôl y ddeddf.

Mae hen luniau'n dangos y nifer oedd yn dod atom yn eu cerbydau ac yn aros ar eu traed am awr neu ragor i gymryd rhan yn yr Ŵyl. Cymry oedd y rhan fwyaf gyda'u hetiau smart a bathodyn Ariannin ar eu cotiau. Roedd yn werth eu clywed yn uno â ni i ganu'r Emyn Cenedlaethol.

Dathliad pwysig arall yn ein hanes erioed oedd y 28 o Orffennaf, sef dydd Gŵyl y Glaniad i gofio am y Cymry cyntaf yn cyrraedd Porth Madryn yn 1865. Roedd pawb yn edrych ymlaen at y diwrnod hwn er ei ddathlu yng nghanol y gaeaf oer. Roedd pwyllgor arbennig ar gyfer y trefniadau a phawb yn paratoi at y te, y chwaraeon a'r cyngerdd ar ddiwedd y dydd. Tua thri o'r gloch y pnawn roedd y byrddau wedi eu gosod yn daclus gyda llieiniau bwrdd gwyn ac arnynt y llestri lliwiog gorau yn sgleinio. Roedd y genethod ifanc yn cael y fraint o dendio'r byrddau ac yn serchus a mawreddog gyda'u hambwrdd yn eu llaw gyda jwg llaeth a'r basin siwgr yn barod. Dros eu ffrogiau gorau roeddynt yn gwisgo ffedog wen dwt a dyna nhw drwy'r pnawn yn cyflwyno'r te blasus gyda bara menyn, jam, caws a theisennau lawer. Allan roedd coelcerth o dân ac arno sosbenni yn berwi dŵr ac mi roedd y gorchwyl yma o dan ofal y dynion.

Wedi'r te roedd y chwaraeon wedi eu trefnu: rasus ar draed, rhedegfa ar geffylau, dal y mochyn wrth ei gynffon wedi ei seboni, dringo post wedi cael sebon hefyd, cystadleuaeth rhoi'r edau mewn nodwydd ac ati. I ddiweddu'r dathliad roedd cyngerdd gwych a phawb yn mynd adre mewn llawenydd mawr. Roedd pob cenedl yn uno a hyd y dydd heddiw mae'r dathliad yn holl dalaith Chubut yn bwysig ac yn ddydd gŵyl, wrth gwrs.

Unwaith yr wythnos yr oeddem yn mynd i'r *Band of Hope* ac yno roedd y pregethwr a'i briod yn ein dysgu i adrodd a chanu yn Gymraeg, wrth gwrs, ac yn ein paratoi ar gyfer cyrddau llenyddol, Eisteddfodau'r Bobl Ifanc a Chymanfa'r Groglith. Roeddem yn hapus iawn i gyrchu yno a hefyd i'r Ysgol Sul ble roedd yn rhaid dysgu adnodau ar ein cof ac atebion y Rhodd Mam.

Roedd Mam yn ein hymarfer yn yr adroddiadau at y Steddfod a ninnau'n edrych ymlaen at gael y bag bach am ein gwddf a rhywfaint o arian yn wobr. Pob nos yr oeddem yn adrodd gweddi'r Arglwydd ers pan yn fach iawn. Roedd fy nhad a mam yn cymryd diddordeb yn y corau oedd yn yr ardal ac yn cystadlu gydag eraill erbyn yr Eisteddfod. Gyda'r nos, wedi gorffen eu gwaith, yr oeddem yn cychwyn yn y cerbyd a chyrraedd ymhen hanner awr i'r Ysgol Gân ac yn ôl wedyn dan olau'r lleuad.

Un o'r dyddiau yr oeddem yn fawr ddisgwyl ar y fferm oedd cyhoeddiad yr amser dyrnu. Roedd yn ddifyr i ni blant ac roeddem yn cael aros adref o'r ysgol i 'helpu' er mai chwarae oeddem o gwmpas y dynion dyrnu! Cofiaf y peiriant yn chwibanu ac yn herio culni'r pontydd cyn cyrraedd. Gweithio gydag ager yr oedd yr amser hwn ond clywais fy nhad yn sôn am ychen yn tynnu'r peiriant yn ei flaen y blynyddoedd cyntaf. Roedd criw eithaf yn canlyn y perchennog ac yn aros am ddeg diwrnod neu ragor ar ein ffarm, yn dibynnu ar sawl tas oedd acw ac os oedd y tywydd yn gyfleus.

Roedd gan y gwragedd lawer o waith ymlaen llaw i baratoi bwyd i'r gweithwyr. Crasu rhyw ugain torth o fara ddwywaith yr wythnos, teisen ddu a phwdin reis mewn ffwrn wedi ei chodi ynghanol y buarth. Gofalu hefyd am swper gan fod rhai o'r dynion yn aros dros y nos am fod eu cartrefi ymhell. Yn y prynhawn yr oeddynt yn rhoi eu bratiau gorau ac yn mynd i'r cae i weld y dyrnu, i gael eu pwyso ar y glorian fawr unwaith y flwyddyn, ac yn gwneud cymhariaeth gyda'r flwyddyn ddiwethaf. Gyda'r nos, ar ôl swper, roedd cerddoriaeth i orffen y noson. Roedd fy nhad yn hapus yn ffurfio deuawd neu bedwarawd ar gyfer rhyw gyngerdd neu Eisteddfod ac felly roeddent yn llwyddo weithiau i gyrraedd y llwyfan. Roedd ambell un yn adrodd straeon neu ddigwyddiad hynod yn yr ardal neu sôn am ryw gymeriad hynod ac yna roedd aml i fardd yn dangos ei ddawn ar yr aelwyd.

Roedd llawer o lyfrau Cymraeg i ni ddarllen ac yn eu mysg roedd Cymru'r Plant a'r Drysorfa Fach gyda hanesion a chwedlau i'n difyrru. Yn y tridegau daeth *crisis* trwy Wlad yr Ariannin ac yn y dalaith yma rhodd dro ar fywyd llawer teulu. Nid oedd iechyd fy nhad erbyn hyn yn caniatáu gwaith trwm y ffarm bellach. O ganlyniad gorfod i fy rhieni feddwl am ymfudo i chwilio am fyd gwell. Briw i'r galon oedd ymadael â chymdeithas glos a ffrindiau lawer. Gadael capel, ysgol gân, cyrddau llenyddol a'r eisteddfod oedd mor bwysig i'n bywyd diwylliannol.

Roedd fy rhieni yn benderfynol i ni gael addysg uwch, os oedd rhyw fantais, ac felly ymdrechu ddaru nhw i geisio gwaith yn ardal yr oel i lawr yn y de, sef Comodoro Rivadavia, yn agos i 400 km o'r Dyffryn. Yno yr oedd pob math o waith yn deillio oddi wrth yr olew. Roedd cwmnïau yn denu llawer o weithwyr o bob cwr o'r wlad a hefyd ymfudwyr o dramor. Roedd y rhai di-briod yn lletya mewn gwestai oedd yn paratoi bwyd a rhoi ystafell wely ar eu cyfer. Yn un o'r rhain cafodd fy nhad a mam waith. Roedd aml i fachgen arall yn perthyn i Gymry yn gweithio yn y cwmni ac mi roeddynt yn cael eu gwerthfawrogi yn fawr am eu gallu, eu cysondeb a'u gonestrwydd.

Gorfod i fy mrawd hynaf, wedi gorffen ei ysgol gynradd, fynd i werthu papurau newydd ar yr heol a'u dosbarthu yn y swyddfeydd a'r gwestai. Pan gyrhaeddodd ei ddeunaw oed, aeth i gyflawni ei wasanaeth milwrol ac yno cael cyfle i studio gyda'r nos mewn coleg uwchradd. Wedi hynny, cafodd waith mewn swyddfa i lawr yn y de, yn nhalaith Santa Cruz, ac esgynnodd yn dda yn ôl yr arholiadau.

Cefais innau grant oedd yn caniatáu i mi fynd ymlaen fel athrawes ond rhaid oedd mynd am y gogledd ymhell i gael yr addysg arbennig am bedair blynedd, a'r cyngor addysg yn talu am fy nhaith a'm lletty. Bu'n amser hapus gan fy mod wedi gwneud llawer o ffrindiau ac wedi medru eu cwrdd eto wedi hanner can mlynedd. Wedi terfynu, es ati i mofyn am waith yn unrhyw fan o'r dalaith lle roedd angen am fy mod yn teimlo erioed alwedigaeth a hefyd gwyddwn y byddai'n ffordd i ennill fy mara.

Cefais fy mhenodi yn fuan iawn i ysgol yng nghanol y paith allan o fy nghartref ryw 600km i gyfeiriad y gorllewin. Taith am ddau ddiwrnod drwy heolydd caregog, llychlyd mewn bws oedd yn cario teithwyr yn ôl ac ymlaen, llawer ohonynt i gartrefi ynghanol y paith, felly roedd rhaid aros i'w gadael ar y ffordd ac os oeddynt yn byw ymhell yr oedd rhywun yn eu disgwyl gyda cheffyl i'w reidio i berfeddion y paith. Ar hanner y ffordd yr oeddem yn aros dros y nos a dyna oedd golygfa ardderchog ar yr awyr yn sêr i gyd a Chroes y De yn ymddangos yn glir. Sefyll mewn gwesty digon tlawd ynghanol pobl ddieithr, ond yr oedd pawb yn byw yn dawel ac yn groesawus. Ambell waith roeddem yn taro ar rywun oedd yn chwarae'r gitâr ac yn gwisgo fel y gaucho gyda throwsus llydan yn cau gyda botwm bob ochr yn y gwaelod, hances am ei wddf, esgidiau ysgafn o ddefnydd cryf neu *botas* o groen os yr oedd y tywydd yn oer, ac wrth fyned allan gwisgai *poncho* o wlân ar ei ysgwyddau.

Ar ben fy nhaith yr oedd yno res o dai bob ochr i'r heol a llawer yn disgwyl am yr athrawes newydd. Pobl dywyll oedd y mwyafrif o'r trigolion, y rhan fwyaf yn disgyn o dylwyth yr Indiaid, a hefyd o Chile, gwlad oedd dros y ffin ddim yn bell oddi yno. Buan iawn yr oeddwn wedi setlo i lawr mewn gwesty digon di-nôd, ond nid oedd dewis i gael ac yn ffodus roedd y perchnogion, gŵr a gwraig, Sbaenwyr, yn groesawus iawn. Y dyddiau nesaf cefais gwmni dwy athrawes arall wedi eu penodi yr un amser. Yr oedd yno brifathrawes o deulu o Wyddelod mewn oed i ymddeol. Dynes nobl, gwerth cael sgwrs ganddi am ei phrofiadau ac wedi cwrdd rhyw dro gyda Bandits yr Andes. Yr oeddwn yn arswydo wrth feddwl mai dyma lwybrau Bandits Butch Cassidy ar ddechrau'r ugeinfed ganrif ac yn eu mysg yr oedd llofruddion Llwyd ap Iwan gafodd ei ladd yn yr ardal hon.

Adeilad heb ei wir orffen oedd yr ysgol, dwy ystafell to sinc heb nenfwd, meinciau pren i eistedd pob yn ddau a stôf gron o haearn yn cynhesu gyda choed tân oedd y

Cyngor Addysg yn ddarparu i ni. Agos i drigain oedd nifer y plant a dyma gychwyn ar y gwaith ym mis Chwefror 1945 er bod y tymor wedi dechrau ym mis Medi ac yn gorffen ym mis Mai. Roeddem yn cael gwyliau yn y gaeaf gan fod yr hinsawdd yr adeg yma yn galed iawn gydag oerni tu hwnt ac eira trwchus yn torri'r ffyrdd i gyrraedd yr ysgol. Pan oeddwn yn teithio yn ôl i'm cartref ym mis Mai, ganol gaeaf, lawer tro aeth y bws yn sownd mewn llyn o ddŵr neu ynghanol eira trwm nes oedd angen aros a mynd i mofyn am gymorth ychen neu geffylau yn y gymdogaeth i'n tynnu allan o'r dagfa, a'r mwd yn gwasgaru i bob cyfeiriad neu'r dŵr yn llenwi gwaelod y bws at ein sêt. Pum mlynedd y bues yn trafaelu fel hyn ond yr oedd y gwaith fel athrawes mewn ysgol ar y paith wrth fy modd ac erbyn hyn, melys cofio am y cyfan.

Mae gen i gymaint o atgofion am y dref fach a'r plant. Roedd yno Swyddfa Bost, siopau, masnachdy lle roeddynt yn prynu crwyn, gwlân, a chig o'r camp, ac yn eu newid weithiau am nwyddau oedd eu hangen. Roedd yno le i gael petrol, rhai moddion, bwyd a dillad. Wedi i'r brifathrawes ymddeol cefais nodyn oddi wrth yr awdurdodau yn fy mhenodi i gymryd ei lle nes dyfod prifathro arall mewn ychydig amser. Bu'r cyfrifoldeb hwn yn brofiad gwych a gwerthfawr iawn yn fy mywyd. Dysgais lawer oddi wrth fy mhlant bach oedd yn byw mewn byd mor wahanol i'r hyn yr oeddwn i wedi ei brofi yn y dref fawr. Roeddynt yn fwyn ac yn ddiniwed ond os oeddynt yn cael y drefn am rywbeth deuai eu ffyrnigrwydd i'r wyneb yn fuan ac yr oedd y bechgyn hynaf yn anodd eu trin. Roedd angen amynedd diben-draw i'w perswadio weithiau a chofiaf un tro am un o'r rhai mwyaf yn cadw ei gap crwn, tywyll yn wastad ar ei ben. Dechreuais ei ddysgu'n foneddigaidd i'w dynnu wrth ddod i mewn i'r ysgol, ond nid ufuddhaodd, ac wrth i mi roi fy llaw ar ei ben gafaelodd yn dynn yn ei gap a neidiodd i ben y stôf, allan o fy nghyrraedd gan ddweud yn ffyrnig, 'Trïwch ei dynnu'n awr!' A minnau wedi cyffroi dipyn es ymlaen gyda'r plant eraill efo'r gwersi heb wneud sylw ohono a daeth yntau i lawr a'i gap yn ei law i eistedd ar ei fainc. Ni fuodd ail ddigwyddiad gyda'r cap.

Amser y gwanwyn yr oeddynt yn cymryd seibiant i fynd i helpu'r rhieni gyda'r cneifio a hefyd i hel wyau adar gwyllt er mwyn eu bwyta a dyna'r presant oeddem ni'n ei gael pan y dychwelent: wyau estrys (mae pob un yn cynnwys tua dwsin o wyau ieir) o liw gwyrdd golau, hardd a hefyd wyau gwyddau gwyllt. Roeddem yn eu derbyn yn ddiolchgar ac yn eu defnyddio fel shampŵ i olchi ein gwalltiau.

Buodd un ohonynt yn colli dyddiau yn yr ysgol a phan ddaeth yn ei ôl dyma fi'n gofyn beth oedd wedi digwydd, gan fy mod yn ei weld yn drist a phenisel. Dywedodd ei fod wedi magu oen bach oedd yn amddifad a bod ei dad wedi ei siarsio i edrych ar ei ôl am fod llwynog o gwmpas. Gwnaeth drap i ddal y llwynog a'i adael dros y nos ond mawr fu ei siom ar y bore canlynol pan welodd mai'r oen swci oedd wedi ei ddal yn y trap.

Yn aml, yr oeddem yn cael gwersi yn yr awyr agored ac yn mynd am dro gyda'r plant i'r paith agos, neu i fyny i fryniau oedd o'n cwmpas. Wrth gerdded un tro rhwng y twmpathau llwyd, pigog, gwelsom sgerbwd dafad ar ben twmpath a dyna un yn gofyn i mi sut roedd hyn wedi digwydd. Yn wir, trois ato heb ateb i'w chwilfrydedd a dyma un arall yn ateb yn y munud, 'Pan fuodd eira mawr y gaeaf diwethaf, safodd y greadures ar ben brigyn i gael rhywbeth i'w fwyta a daeth angau i'w chyffwrdd ac wedi i'r eira doddi safodd esgyrn ei chorff ar y twmpath.' Llawer gwers gefais ganddynt a hiraethais yn fawr ar eu hôl wrth ymadael â'r lle a chael fy symud i ddinas hardd ar droed yr Andes.

Pan oeddwn yn 24 oed deuthum ar draws bachgen oedd wedi closio dipyn ataf ac yn hyderus o fod yn fy nghwmni a phenderfynais innau fy mod yn mwynhau ei agosatrwydd a daethom i ddeall ein gilydd yn dda ac i garu am flwyddyn. Pan aeth fy nghariad i weld fy rhieni a gofyn amdanaf, dywedodd fy nhad, 'Os ydych chwi eich dau yn deall eich gilydd does gennyf i ddim rhagor i ddweud.' Wedi dweud ei feddwl felly, dechreuasom baratoi'r briodas ac felly bu newid byd! Mynd i gartrefu mewn dyffryn llawn gwyrddni yn yr Andes bell. Bryniau uchel yn ein cornelu gyda'u copâu yn wyn o eira ar hyd y flwyddyn. Roedd yr olygfa yn fendigedig gan fod y coedwigoedd yn ymestyn yn uchel nes cyrraedd creigiau noeth sydd yn eu hatal: llynnoedd hardd a chychod yn eu croesi yn ôl ac ymlaen gyda llawer o dwristiaid. Yn y gaeaf mae ymwelwyr yn dyfod i sgïo ac i bysgota.

Cadw ysgol i'r babanod oedd fy ngwaith y tro hwn, plant bach rhwng tair a phump oed mewn tŷ twt ac oddi amgylch fuarth gyda blodau a choed, hefyd deulu o golomennod a chwningod dof oedd y plant yn drin gyda thynerwch. Roedd tipyn o waith paratoi ar gyfer pob gwers a minnau yn wraig tŷ erbyn hyn, ond yn y dosbarth yr oeddem yn rhannu'r amser yn hapus iawn yn canu ac yn chwarae bob yn ail. Chwe blynedd dreuliais yn yr ysgol fach yma ac yn magu plant fy hunan erbyn hyn.

Am fod y gŵr yn cael ei symud yn ei swydd yr oedd angen i minnau symud fy mhac ar ei ôl. Buom yn ffodus o gael dod eto yn ôl i Ddyffryn y Camwy a chefais le mewn ysgol gynradd ganolog iawn. Plant rhwng deg a deuddeg oed am rai blynyddoedd, ac wedyn arholiad i fynd yn is brifathrawes nes cyrraedd oed i ymddeol wedi pymtheg mlynedd ar hugain o waith cyson gyda llawer o bleser. Nid oedd y cyflogau erioed yn gyfiawn ar gyfer yr athrawon sydd â chymaint o gyfrifoldeb yn eu gwasanaeth.

Ar ein gwyliau yn yr haf, fan yma, cefais y fraint o deithio tipyn trwy'r wlad i gyffwrdd â llawer o ryfeddodau natur, yng nghwmni'r gŵr a'r plant. Bellach yr ydym wedi dathlu ein priodas euraidd ac fel pob cwpl arall wedi treulio pleserau a phryderon, ond melys cofio am bob ymdrech i lwyddo dod drwodd gyda chariad, amynedd a ffydd yn y Goruchaf. Mae'r plant wedi cael addysg uchel ac yn barchus ohonom. Mae popeth yn fwy hwylus heddiw a chyfle i bawb ddysgu a dod yn ei flaen. Mae pob math o beiriannau at waith y tŷ a'r swyddfeydd, moduron modern a chwim i'n cario mewn byr amser i bob rhan o'r wlad, ac awyrennau i hedfan i unrhyw gornel o'r byd.

Rwyf yn diolch o ddydd i ddydd yn barhaus i Dduw am iechyd ac am yr holl fendithion yn ystod fy mywyd ac i'm rhieni am fy mywyd a'm gwaith. Teimlaf lawenydd tu hwnt am fy mod wedi fy ngeni a fy magu ym Mhatagonia, yn Nyffryn Camwy, darn bach o Gymru, ond o dan awyr las a haul bendigedig, tipyn yn sych am fod y gwynt gwastad o hyd yn gwasgaru'r cymylau.

Nid wyf erioed wedi byw yn hunanol a chefais gyfle laweroedd o weithiau i estyn llaw i'm cyd-dylwyth yn y mesur a'r modd y medrwn a dyna sydd wedi llenwi fy nghwpan. Ar ddiwedd y mileniwm yr ydym ni, blant o Gymry, wedi derbyn gwobr, hynny yw, cael cymorth athrawon o Gymru i ddysgu ac i beidio colli'r iaith Gymraeg sydd yn perthyn i ni, er mwyn cadw ein diwylliant, ein crefydd, ein gwyddoniaeth a'n llenyddiaeth gyfoethog. Mae hwn yn ddymuniad cryf yn ein calonnau a'r munud hwn daw'r gân adnabyddus i'm cof:

Cael yn ôl o borth marwolaeth
    Gân a ffydd a bri yr heniaith,
    Cael yn ôl yr hen dreftadaeth
    A Chymru'n dechrau ar ei hymdaith.

Gobeithio y bydd y plant a'r bobl ifanc sydd yn dysgu yn awr yn gwerthfawrogi'r ymdrech ac y cymerant ddiddordeb i gadw'r hen iaith er mwyn gwireddu breuddwyd yr Hen Wladfawyr ddaeth ar y Mimosa, cael gwlad i gadw ein hetifeddiaeth a'n rhyddid.

2002 – Sir Benfro, Tyddewi

Portread o fywyd tair cenhedlaeth o'r un teulu
Esther Evans de Hughes

Dw i am gofio tair gwraig – Lizzie Freeman de Roberts; ei merch, Lotty Roberts de Hughes; a'i merch hithau, Alwina Hughes de Thomas – tair gwraig wrol, gweithgar a charedig.

Lizzie Freeman de Roberts
Daeth Lizzie i Batagonia yn eneth fach iawn yn y flwyddyn 1876 efo'i rhieni a'i dwy chwaer. O Ogledd America yr oeddent yn dod ac ymgartrefodd y teulu yn Nyffryn Camwy. Ganwyd iddynt yno amryw o blant eraill. Yn y flwyddyn 1891, a Lizzie yn 17 mlwydd oed, penderfynodd ei rhieni ymuno â'r rhai oedd yn symud i arloesi'r cwm oedd newydd ei ddarganfod yn yr Andes. Taith anturus iawn oedd honno. Rhaid oedd mynd â'r anifeiliaid efo nhw – gwartheg, defaid, ceffylau, moch, ac ieir. Teithiai'r gwragedd a'r plant bach yn y wageni a'r dynion a'r plant hŷn ar geffylau yn gyrru'r anifeiliaid. Gan mai Lizzie oedd un o'r rhai hynaf, gallwn ddychmygu bod gwaith a chyfrifoldeb mawr yn disgyn arni hi. Ganwyd chwaer fach iddi ar y daith a galwyd hi yn Mary Paithgan. Ar ôl aros am

rai dyddiau i'r fam a'i baban gryfhau, ailgychwynnodd y fintai.

Ymhen rhai wythnosau, pan oeddent o fewn diwrnod o daith o Gwm Hyfryd, daeth amryw o'r hogia' oedd wedi treulio'r gaeaf yn yr Andes i'w cyfarfod a'u croesawu. Un o'r hogia' oedd Benjamin Roberts, yn enedigol o Lanuwchllyn. Cyn bo hir, priododd Lizzie a Benjamin a'u priodas hwy oedd y gyntaf i gael ei chofrestru yn yr ardal newydd. Roedd y ddau yn ifanc iawn a dyma ddechra' gyrfa Lizzie fel gwraig a mam hynod ofalus, trefnus a chynnil. Bwthyn bach oedd eu cartref cyntaf ar lethrau Mynydd Llwyd. Fel sawl gwraig, bu Lizzie yn gweithio ysgwydd wrth ysgwydd efo'i gŵr i wareiddio'r wlad newydd a gwneud lle diogel a chysurus i fagu ei theulu. Heblaw'r brodorion, a oedd yn byw mewn *toldos* (pebyll) ar y paith, doedd neb wedi ymsefydlu yn y rhan yma o Batagonia cyn i'r Cymry hyn ddod yno.

Roedd Lizzie'n hoff iawn o anifeiliaid a gwyddai'n union faint oedd yn pori ym mhob cae o gwmpas y tŷ, a byddai wrth ei bodd yn cerdded allan ac yn gofalu am bob dim. Cafodd un deg pedwar o blant – saith merch a saith bachgen. Nid oedd segurdod yn dygymod â Lizzie ac roedd ei chartref a'i theulu yn batrwm o ddiwydrwydd a threfn.

Fel yr oedd y plant yn tyfu, symudodd y teulu i fyw'n nes at y pentre' lle'r oedd ysgol a chapel erbyn hynny. Bu Lizzie'n ffyddlon i Seion, Esquel, ar hyd ei hoes, ac felly hefyd ei theulu. Gwraig gymwynasgar hynod oedd hi. Pan fyddai pobl o bell yn gorfod ymweld â'r meddyg yn y dre, arhosent yn ei thŷ hi am ddyddiau weithia' tra byddai angen, gan dderbyn gofal ganddi hi a'i gŵr. Bu hefyd yn fydwraig a theithiai o gwmpas mewn cerbyd a cheffyl i wasanaethu ar bob math o dywydd. Ni bu ei bywyd heb brofedigaethau – collodd rai o'i phlant yn ifanc – ond ni chollodd ei ffydd a daliodd ymlaen yn wrol. Hyfryd yw darllen ar ei charreg fedd: 'Yr hyn a allodd, hi a'i gwnaeth'. Mae ei disgynyddion yn yr ardal yn lluosog.

Lotty Roberts de Hughes

Ganwyd Lotty yn seithfed plentyn i Lizzie Freeman a Benjamin Roberts ar y trydydd o Ragfyr, 1902, yn Bryn Amlwg, sef eu cartref ar y bryn uwchlaw'r pentref. Roedd saith o blant eraill i'w geni ar ei hôl. Cafodd Lotty fywyd gwahanol i'w mam. Erbyn hynny, roedd y wlad newydd wedi datblygu, roedd mwy o boblogaeth, roedd ysgol yno, a meddyg, a gwell cyfleusterau i fyw. Aeth Lotty i'r ysgol y blynyddoedd cyntaf efo'i brodyr a chwiorydd ac yn ei harddegau cafodd fynd i'r Gaiman i'r Ysgol Ganolraddol. Yno, dysgodd Saesneg a phynciau eraill a fu'n help iddi ar ôl dod adre' i gael gwaith mewn siop – rhywbeth nad oedd yn gyffredin o gwbwl yr adeg honno.

Priododd yn ifanc iawn efo Emrys Hughes, bachgen wedi ei eni a'i fagu yn Nyffryn Camwy. Ar ôl blwyddyn o fyw ar ochr mynydd Llwyd, fel ei mam gynt, symudodd efo'i theulu bach newydd i ymgartrefu yn ardal Tecka – tir sych, heb fawr o goed, bryniau moel o gwmpas, a dim ond eithin yn tyfu arnynt. Doedd y blynyddoedd cynnar hyn ddim yn rhai hawdd, ymhell o bob man, heb gymdogion, na chapel, na meddyg, na gwraig arall i ofyn am gyngor a chael sgwrs. Roedd gwynt cryf yno bron bob amser; byddai Lotty yn plannu blodyn (ei hoff hobi), a'r gwynt yn chwythu, chwythu arno, a'r blodyn bach yn troi ac yn plygu unwaith a chanwaith nes yn y diwedd ddadwreiddio. Ond roedd hi'n benderfynol – ailblannodd flodau a choed – laweroedd ohonynt – a diolch am ei dyfalbarhad hi a'i gŵr, daeth y lle gyda'r blynyddoedd, yn fan cysgodol a ffrwythlon.

Cafodd Lotty bedwar o blant – Caeron Llwyd, Ivor

Eirion, Elgar ac Alwina – a dysgodd nhw i weithio a gwneud eu dyletswydda' yn ifanc iawn. Cadw defaid a wnâi'r teulu ac, wrth gwrs, roedd ganddynt wartheg godro, ieir a moch. Roedd gwahanol anifeiliaid gwylltion yn Tecka – estrysod, er enghraifft, ac yn y gwanwyn byddai rhywun yn dod ar draws nythaid o wyau ffres o liw gwyrdd golau. Mae ŵy estrys cymaint â deuddeg ŵy iâr a byddai Lotty yn gwneud *tortilla*, hynny yw, ei gymysgu efo tatws a wynwyn a'i ffrio. Tystia ei phlant fod hwnnw yn bryd blasus iawn.

Roedd Lotty, fel ei gŵr, yn groesawgar iawn a byddai rhywun yn aros ar y ffarm yn aml. Wedi i'r plant dyfu, daeth hi a'i gŵr i fyw i dref Esquel. Roedd darn o dir yng nghefn y tŷ lle'r oedd y ddau yn tyfu pob math o lysiau – tatws, pys, ffa, moron, a hefyd mefus. A blodau Lotty, wrth gwrs, o bob lliw a llun, a byddai hi wrth ei bodd yn rhoi tusw ohonynt i'r sawl oedd yn galw heibio. Roedd ei chartref yn gyson agored, yn derbyn ymwelydd o Ddyffryn Camwy, o Buenos Aires, neu o Gymru. Gwraig garedig a chwrtais oedd hi. Mwynhad iddi oedd cwrdd â'i chwiorydd a'i brodyr, ac roedd ganddi gyfeillesau ffyddlon. Byddai ei dwylo'n gyson yn gweu neu grosio ar gyfer ei hwyrion. Bu'n athrawes Ysgol Sul ac yn aelod ffyddlon o'i chapel. Cefnogai hi a'i gŵr bob achos da.

Yn ei blynyddoedd olaf, a'i hiechyd yn fregus, aeth ei merch â hi i fyw'n agos ati yn Buenos Aires. Bu farw yno, Tachwedd 13, 1987, ond cafodd ei chladdu wrth ochr ei gŵr ym mynwent Esquel.

Ac yn y gwanwyn, ar y ffarm, mae'r cennin Pedr a blannodd hi yn dal i flodeuo o gwmpas y coed cryfion, mawr.

Alwina Hughes de Thomas
Cafodd Alwina ei geni yn Esquel ar Hydef 8, 1928, yn ferch i Lotty Roberts ac Emrys Hughes, a chwaer i Caearon, Ivor

ac Elgar. Dwy law ei nain, Lizzie, a'i derbyniodd yn annwyl i'r byd. Treuliodd ei blynyddoedd cynnar efo'i theulu ar y ffarm yn Tecka lle'r oedd prysurdeb ym mhob ffarm a phawb yn cyfrannu efo'r gwaith. Yna, symudodd y teulu i Esquel er mwyn i'r plant gael ysgol. Tyfodd Alwina mewn cylch lle'r oedd teulu a ffrindiau yn gwneud ei bywyd yn ddedwydd a chymdeithasol. Aeth wedyn i ysgol breswyl yn Nhrelew am rai blynyddoedd.

Priododd Alwina gydag Elwy Thomas, bachgen diwylliedig, o gymeriad glân a hoffus, ac aethant i ffwrdd i fyw i wahanol ddinasoedd gan mai gweithio mewn banc oedd Elwy. Roeddent yn gwneud ffrindiau ym mhob man lle buont. Cafodd Alwina dair o ferched – Tilsa, Moira a Vilma – ac un ar ddeg o wyrion. Gofalodd fod ei phlant yn cael y pethau gorau mewn cymdeithas. Mae hi'n byw yn y brifddinas, Buenos Aires, ers dros ddeng mlynedd ar hugain ac, erbyn hyn, yn wraig weddw.

Ond nid tŷ yng nghanol y ddinas fawr ydi tŷ Alwina ond cartref o Batagonia wedi ei drawsblannu yno! Mae'r un arferion yno, yr un ffordd o goginio, arogl bara a jam cartre', arogl glân, cysurus, lle mae'r ymwelydd yn teimlo rhyw groeso naturiol, cynnes. Ac mae llawer yn gallu tystio i hynny.

Un fach o ran corff ydi Alwina, bob amser yn brysur fel gwiwer, yn cerdded yn gyflym, yn benderfynol. Mae'n cofio am bob pen-blwydd, a rhydd sylw i bob babi newydd, pob priodas, salwch, marwolaeth. Mae'n gofalu am ei hwyrion, yn mynychu cartrefi henoed ac ysbytai, a byth yn waglaw – mae melysion neu rywbeth tebyg yn ei bag llaw o hyd. Mae'n mwynhau mynd i'r maes awyr i dderbyn pobl o Gymru a'u croesawu'n aml yn ei fflat efo panad o de a sgwrs.

Mae Alwina yn un o'r merched, sydd â'u gwreiddiau yn y Wladfa, sydd yn dod at ei gilydd i wnïo a gwneud dillad a'u hanfon i blant ysgolion tlawd yn Chubut. Mae hi hefyd yn ffyddlon i'r cyfarfod Cymraeg sydd yn cael ei gynnal unwaith y mis yn Buenos Aires. Bob bore Sul, mae hi'n teithio mewn bws i'r capel lle mae'n aelod ac yn cymryd rhan ym mhob gweithgarwch yno. Unwaith y flwyddyn, mae hi'n dod i Esquel i weld ei brodyr, ei pherthnasau, a ffrindiau ei hieuenctid. Byr fydd ei harhosiad bob tro ond bydd ei ffyddlondeb a'i hewyllys da, sydd fel chwa o awyr iach, wedi cyffwrdd pawb a fu yno'n disgwyl amdani.

2003 Maldwyn a'r Gororau

Eisteddfodau'r Wladfa
May Williams de Hughes

Mae'r testun yn eang iawn ond yn ddiddorol dros ben; diwylliant Cymru wedi dod dros y môr gyda Mintai'r Mimosa yn 1865, wedi ei blannu, wedi tyfu a lledaenu ar hyd y blynyddoedd a chyfoethogi diwylliant yr Ariannin. Rhannaf fy sylwadau yn dri grŵp:
Cyn cof (gwybodaeth trwy wahanol lyfrau)
Atgofion fy ieuenctid
Yr Eisteddfod ar ôl 1965 (canmlwyddiant y Wladfa)

1. Cyn Cof
Yn ôl y Drafod 31 Mawrth 1965, bu eisteddfod 1876 yn nhŷ Betsi Hughes (ardal Moriah). Dywed W. Meloch Hughes, yn ei lyfr *Ar Lannau'r Gamwy*, 'Meddai Cwmni'r Rheilffordd ychydig dai coed ger y llyn, wnelid mewn brys er diddosi rhan o fintai'r Vesta. Mewn ystafell eang un o'r rhain cynhaliwyd Eisteddfod gyntaf erioed yn Nhrelew, Ddydd Gŵyl Ddewi 1889. Eisteddfod fechan oedd honno gan na wnelsid ond ychydig ddarpariadau ar ei chyfer. Roedd er hynny yn gychwyn plannu arferiad Cymreig ragorol mewn mangre newydd yn yr hyder y tyfai maes o law yn bren talgryf ffrwythlon.'

Yn rhifyn 6 o Fai 1868 o *Y Brut,* wrth sôn am yr Eisteddfod, mae'n dweud 'fod pob un i fynd a'i gadair a dewis ei le, ac yn hyn o beth bu y gystadleuaeth yn fawr.'
Wrth sôn am seremoni'r Cadeirio bu digwyddiad digri yn Eisteddfod 1911. W. M. Hughes (Glan Caeron) oedd yn arwain yn y pnawn ac felly roedd ef yn darllen y feirniadaeth, a gwahodd y buddugwr i sefyll. Galwodd dair gwaith a'i holl nerth nes creu cynnwrf yn y gynulleidfa a ddistawodd wrth iddo ddweud, 'Wel, os na fydd neb yn dod ymlaen, fe wnaf innau.' Fe oedd yn fuddugol a bu'r cymeradwyo yn fawr.

Y gadair gyntaf enillwyd yn Nhalaith Chubut oedd yn Eisteddfod 1880 yn Rawson, a'r bardd oedd T. G. Pritchard. Cafodd y goron ei hennill am y tro cyntaf yn 1909 gan William H. Hughes, Glan Caeron. Enillodd ef bedair cadair mewn gwahanol eisteddfodau.

'Yn y flwyddyn 1890 ffurfiwyd Cymdeithas Camwy Fydd yn Nhrelew, i'r amcan o noddi llenyddiaeth Gymreig a thrafod pynciau o ddiddordeb cyffredinol i'r Wladfa... Dan nawdd y gymdeithas hon y cynhaliwyd Arddangosfa amaethyddol gyntaf y Wladfa, yn Nhrelew Ddydd Gŵyl Ddewi 1891. Anturiaeth y gymdeithas hon oedd cysylltu Arddangosfa ac Eisteddfod ynghyd ar y dydd enwyd. Gwyddid trwy brofiad y talai eisteddfod, ond nid oeddid sicr sut y troai Arddangosfa allan yn ariannol a dyna'r rheswm am eu cysylltu. Er yr ymddangosai'r ieuad ar ryw wedd yn anghymarus, a dyna'r paham mae'n debig i rai ei galw'n eisteddfod Gabbage; er hynny trodd allan yn llwyddiant amlwg.' (W. M. Hughes)

Rhan arall werthfawr o'r eisteddfod yw'r corau. Roedd lleisiau'r gwahanol ardaloedd yn cynnull o gwmpas tri arweinydd, Llewelyn Williams (Moriah a Threlew), John Carrog Jones (Canol y Dyffryn) a Dalar Evans (Y Dyffryn Uchaf). Roedd rhif y corau yn 60 i 80 o leisiau.

Yn y tridegau dechreuodd Eisteddfod y Plant ac wedyn Eisteddfod y Bobl Ieuanc.

Yn fy llaw mae rhaglen Eisteddfod Gadeiriol y Wladfa 1914 gynhaliwyd yn y Gaiman ar y 15 a'r 16 o Hydref, ac ar y cefn y mae'n dweud:

Cynhelir Gorsedd Foreu yr Eisteddfod
Bydd holl drefn a gwaith yr Orsedd dan gyfarwyddyd y dirprwy Archdderwydd CAERON.

Beth sydd yn tynnu fy sylw? Yn yr adran 'Cerddoriaeth' – Y Brif Gystadleuaeth Gorawl: Côr heb fod dan 40 o nifer: a) Llais y Gwanwyn (J. H. Roberts), heb gyfeiliant: b) O Gylch Gorseddfainc Duw Dilyth (Handel) allan o Samson – gwobr $100 a Chadair i'r Arweinydd. Hefyd, cyfieithu o'r Esperanto i'r Gymraeg. Cynigir y wobr arbennig hon gan Arthur Hughes.

Ar glawr rhaglen 1918 mae'n dweud:
Eisteddfod Goronog Y Wladfa
Cynhelir yn Y Neuadd Goffa, Trelew
16eg a'r 17eg o Hydref 1918
Cynhelir Gorsedd

Yn yr eisteddfod gynhaliwyd yn Nhrelew ym mis Hydref 1927 gwelwn, am y tro cyntaf, hysbysebion yn Sbaeneg, sef: Casa Nuevo; Sociedad Anónima, Importadora y Exportadora de la Patagonia; Casa Thies; Farmacia Trelew, a nifer o rai eraill.

Erbyn 1929 mae Eisteddfod Gadeiriol y Wladfa yn cael ei chynnal yn Nolavon ar Hydref 17. 'Gan fod Cwmni y Sociedad Anónima Importadora y Exportadora de la Patagonia drwy Arolygydd cangen Trelew, y Br. Dougnac, yn cynnyg cyfannu $150 at wobr y brif gystadleuaeth, bwriada y Pwyllgor drefnu i gael Medal i bob aelod o'r Côr buddugol ynghyd a'r Arweinydd, ac er mwyn gallu gwneud hynny cyfyngir rhif y Côr i 60 o nifer.'

Ym mis Awst 1932 cynhelir Eisteddfod Gadeiriol Trelew yn Teatro Verdi, ond yn y blynyddoedd 1936, 1939 a 1942 mae'r eisteddfod yn y Gaiman. Mae'r rhaglenni ar yr un patrwm ac nid oes sôn ers blynyddoedd am yr Orsedd. Yn 1945 mae'r eisteddfod eto yn Nolavon a'r Cadeirydd oedd y Parch. E. R. Williams. Roedd y canu a'r adrodd yn Gymraeg. Yn 1946 cynhaliwyd yr eisteddfod yn y Gaiman ac yn 1947 yn Nhrelew.

2. Atgofion fy ieuenctid

Cofiaf fi yn canu am y tro cyntaf (Hen wraig fach yn mynd i'r coed) ac yn crynu ar lwyfan Eisteddfod y Plant, Gaiman, yn y babell enfawr oedd wedi ei gosod yn y Parc gyferbyn â Phlas y Coed. Roedd y lle yn orlawn, y cadeiriau yn ddwy res a llwybr yn y canol, llawr pridd, y beirniad mewn lle arbennig yn yr ochr dde. Popeth yn hyfryd nes cododd gwynt ofnadwy a phawb yn ofni i'r dent syrthio. Yr arweinydd ar y pryd oedd y Br. William M. Evans, a meddai, 'Bydd y babell yn hedfan heibio Trelew a bydd y bobl yn holi "Beth sydd yn hongian?" Wel, y pwyllgor, siŵr iawn.' Ond ddigwyddodd dim o'r fath. Eisteddfod i'w chofio.

Bues hefyd yn Eisteddfod Dolavon, ac yn yr Arwest yn Rhymni (Bryn Crwn). Roedd y dent wedi ei gosod ar ffarm y Br. Aeron Jones, Rhymni.

Bob ychydig dechreuodd yr eisteddfod fynd i lawr, yr hoelion wyth yn ein gadael a'r rhai ieuengaf yn mynd i ffwrdd i weithio. Distawodd am bymtheg mlynedd.

3. 1965 – Canmlwyddiant y Wladfa

Bu paratoi mawr ar gyfer y dathlu. I'r pwrpas, ffurfiwyd pwyllgor swyddogol a wnaeth waith ardderchog. Daeth newyddion bod Mintai o Gymry yn dod ym mis Hydref a chododd brwdfrydedd y disgynyddion yn y Wladfa. Buwyd yn ddiwyd yn paratoi Eisteddfod y Canmlwyddiant oedd i'w chynnal 30 Hydref 1965 yn Neuadd Dewi Sant, Trelew.

Dyma'r eisteddfod gyntaf yn ddwyieithog, Cymraeg a Sbaeneg Roedd yn Eisteddfod Gadeiriol, a'r bardd Dic Jones, Cymru, enillodd y gadair. Cafodd ei gynrychioli gan Kenneth Evans (Drofa Dulog). Roedd y llwyfan yn llawn, a phlant bach Trelew yn dawnsio Dawns y Blodau. Gwahoddwyd yr ymwelwyr i'r llwyfan lle cawsant groeso'r gynulleidfa.

Bu cystadlu brwd yn y gwahanol adrannau – llenyddiaeth, drama ac adrodd, cerddoriaeth, celfyddyd a chrefft – a phawb yn mwynhau. Roedd y tân wedi ail gynnau ac mae'r fflam yn bywhau o flwyddyn i flwyddyn.

Yn 1966 roedd yr eisteddfod yn Gadeiriol a Choronog, ac yn y Gaiman y tro yma. Rhoddwyd Cadair yr Eisteddfod am awdl i *Croesi'r Paith*, a'r goron am y farddoniaeth orau yn Sbaeneg. Dyma'r patrwm sy'n parhau hyd heddiw. Roedd, hefyd, Adran y Plant a'r Bobl Ieuainc yn y ddwy iaith.

Oherwydd llwyddiant ysgubol eisteddfod 1968, penderfynodd pwyllgor 1969 ei rhannu:

1. Eisteddfod yr Ieuainc i'w chynnal yn Gaiman ym mis Awst.
2. Eisteddfod Gadeiriol a Choronog yn Nhrelew ym mis Hydref.

Yn Neuadd Dewi Sant yr oedd yr eisteddfod yn cael ei chynnal, ond gan fod rhif y gynulleidfa yn cynyddu aeth y neuadd yn fach, ac felly cafodd ei symud i le mwy, yn gyntaf i'r *Gimnasio Municipal* a wedyn i *gimnasio y Racing Club*, ble mae digon o le i gorau eraill ar wahân i'r rhai o'r

Dyffryn, y rhai sydd yn teithio o'r Andes, Comodoro Rivadavia, Buenos Aires, Mendoza, ac yn y flwyddyn 2002, o Lanuwchllyn, Cymru!

Clap twymgalon i'r arweinyddion sydd yn gweithio yn galed am fisoedd i wneud perfformiad ardderchog. Oni bai am y rhai sydd yn cystadlu ni buasai eisteddfod, a fuasai dim cystadlu oni bai fod pwyllgor yn gweithio yn ddiwyd.

Mae llawer o bwyllgorau wedi bod ar hyd y blynyddoedd a phob un wedi cyflawni yn rhagorol ac yn perffeithio o flwyddyn i flwyddyn.

Yn y flwyddyn 2001 ail sefydlwyd Gorsedd y Wladfa gydag ymweliad pedwar deg o Gymry. Mae presenoldeb aelodau'r Orsedd yn rhoi lliw i Seremoni'r Cadeirio.

Draw dros y paith, yn yr Andes, cynhaliwyd y Cwrdd Cystadleuol cyntaf neu Mini Eisteddfod yn Nhrevelin ar y 27 Awst 1977, yn ddwyieithog. Bu yn llwyddiannus iawn.

Yn Rhaglen Mini Eisteddfod 14 Ebrill 1979, gwelir rhestr o'r pwyllgor, sef Irma Owen de Jones, Delia Williams de Medina, Maria Esther Evans, William Tegid Evans, Camwy Painter Jones, Luis Jorge Thomas ac Atuel Williams.

Erbyn 1986 roedd y Cwrdd Cystadleuol wedi troi'n Eisteddfod i'w chynnal ar y 29 o Fawrth. Roedd yn ddiddorol a'r safon yn uchel gyda llawer yn cystadlu.

Mae Eisteddfod Trevelin yn tyfu o flwyddyn i flwyddyn a phawb yn edrych ymlaen at fod yn bresennol a chael mwynhad trwy gystadlu neu wrando ar yr adrodd a'r canu, a chymeradwyo'r corau sydd yn bresennol o wahanol ardaloedd, a chael y cyfle i longyfarch y bardd buddugol.

Diolch am y diwylliant yr ydym wedi ei etifeddu a boed hir oes i'r Eisteddfod.

Eisteddfodau'r Wladfa

Gweneira Davies de González de Quevedo

'Rhyfedd fel y glŷn cariad y Celt yn ei lên a'i gân ymhob rhan o'r ddaear - pethau annwyl, pethau cysegredig y Cymro;, maent yr un mor annwyl iddo wrth odre yr Andes a phe wrth odre'r Wyddfa.' (Dringo'r Andes – Eluned Morgan)

Denu'r bobl sydd yn hoff o gerddoriaeth neu lenyddiaeth neu sydd â serch at ddangos eu gallu mewn celfyddyd; cyrchu at ei gilydd yr holl ffrindiau, teuluoedd a chystadleuwyr, dyna fuaswn yn ddweud yw ysbryd yr eisteddfod yn y Wladfa.

Yr ydym ni, ddisgynyddion y Cymry, yn gartrefol gyda'r gair ac mae pawb rhywsut neu'i gilydd yn edrych ymlaen at yr awydd i gymryd rhan mewn gŵyl mor bwysig lle medrwn ddarganfod galwad gyffredinol i gadw ein diwylliant a'n traddodiadau yn fyw.

Dim ond dyrnaid bach o'r Cymry a gyrhaeddodd ym mintai'r Mimosa ym 1865 i Batagonia oedd yn cynnal yr Eisteddfod gyntaf yn y Wladfa. Ynghanol diffeithwch y paith, dan haul, rhyddid ac awyr las dim ond sŵn y gwynt, sisial dŵr yr afon a chân ambell aderyn oedd i'w glywed yn yr holl ddistawrwydd.

Erbyn heddiw, wedi 137 mlynedd, yr ydym yn medru mwynhau'r eisteddfod, prif ŵyl ddiwylliannol Chubut, yn ddwyieithog ac yn cyrchu oddeutu 1500 o wrandawyr a chystadleuwyr yn gymysg pob blwyddyn.

Nid oes ei thebyg yn holl Dde Amerig.

Wedi dathlu Canmlwyddiant y Glanio yn 1965 bu ail ddechrau cynnal yr Eisteddfod wedi bwlch o bymtheg mlynedd. Er hynny, rwyf wedi cael y pleser o fod yn bresennol yn y rhan fwyaf hyd y dydd heddiw.

Pan oeddem yn blant roedd rhywbeth arbennig ar ein cyfer i'w ddysgu, yn ganu neu'n adrodd. Y cof cyntaf yw i mi fod mewn Arwest o dan babell fawr wedi ei gosod mewn fferm ganolog yn y Dyffryn, fferm Aeron Jones, Rhymni. Yr oedd fy mrawd a minnau yn cael ymarfer gartref yn gynnar iawn er mwyn i'r cwbwl aros ar y cof. 'Y Pry Bach Du' a 'Helbulon' oedd y ddau adroddiad hynny a llawenydd mawr i ni blant oedd derbyn y bag bach lliwiog am y gwddf gyda rhywfaint o arian ynddo. Bu'n llwyddiant i ni ein dau ennill y wobr gyntaf.

Nid anghofiaf yr argraff ddofn wnaeth yr ymgeisydd Clydwyn Jones, mab i Aeron Jones arnaf, yn fachgen rhyw bymtheg oed wrth y piano. Tynnodd ein sylw gan ei fod yn hogyn mor lluniaidd a dawnus wrth yr offeryn a'i ddwylaw yn hedfan yn ysgafn ar bob nodyn.

Mor bwysig â'r seremoni yn yr Arwest honno oedd y seibiant oeddem yn ei gael rhwng y ddau gwrdd i flasu cwpanaid o de ar y cae. Llieiniau gwyn wedi eu taenu ar lawr o borfa dan y coed a'r mamau wedi paratoi bara menyn a chacennau gyda the blasus wedi ei gario mewn 'jacs' bach gyda llaeth a siwgwr. Hwyl fawr i ni blant oedd rhannu gyda phlant eraill oedd gyda ni yn y *Band of Hope* a'r Ysgol Sul. Pawb yn adnabod ei gilydd ac yn ffrindiau.

Darllenais rywdro mai Eluned Morgan yn bersonol oedd wedi trefnu i gael y babell o Gymru i'r Dyffryn am fod y Neuadd Goffa oedd wedi ei hadeiladu yn Nhrelew erbyn 1915, wedi hanner canmlwyddiant y glanio, yn rhy bell o gyrraedd sefydlwyr y Dyffryn Uchaf.

Dywedodd Morris Ap Hughes ryw dro yn gyhoeddus, ychydig cyn iddo farw mewn oedran mawr, nad oedd neb wedi ennill cymaint ag ef na chwaith wedi colli cymaint o weithiau ag ef mewn eisteddfodau, a dyna sut oedd yn annog y bobl ifanc i ddal ymlaen i gystadlu. Yr oedd yn fardd, yn gerddor ac yn arwain corau gyda theulu lluosog y tu ôl iddo yn cefnogi ac yn barod i gyfrannu bob amser.

Yr oedd fy mam a nhad wedi byw er cychwyn y ganrif ddiwethaf ac wedi cael mynd i ambell eisteddfod. Yr oedd cof da gan fy mam a llawer tro fe'i clywais yn adrodd rhyw amgylchiad diddorol neu arswydus fel 'Eisteddfod y Glaw' gafodd ei chynnal yn y Gaiman a llawer wedi cyrraedd mewn wagen â cheffylau. Yn ystod y cwrdd nos yr oedd y glaw yn pistyllu ac ar y diwedd gorfod i'r dynion gario'r merched â'u dresus llaes ar eu hysgwyddau i gyrraedd y wagen a hynny yn y tywyllwch llwyr! Penderfynodd llawer ohonynt aros yn y Gaiman dros nos ac eraill am gychwyn adref. Yr oedd y ceffylau yn dychryn ac yn sefyll yn y storm gan wrthod symud ymlaen. Druan o'r ffrogiau newydd a'r hetiau oedd y merched wedi eu gwnio neu eu prynu at yr eisteddfod! Roedd angen tynnu eu hesgidiau a chlymu'r het rhag i'r gwynt ei chipio. Clywsant lawer o'r gwragedd yn dweud ar eu llw nad oeddynt yn mynd i eisteddfod byth wedyn yn y gaeaf.

Yr oedd y bobl hynaf yn ymdrechu i beidio colli dim un Ysgol Gân ym misoedd y gaeaf er mwyn ffurfio'r Côr Cymysg niferus erbyn yr eisteddfod. Cystadleuaeth wych oedd hon gydag amryw o gorau lluosog yn ein Dyffryn. Yr oedd y beirniad yn crafu ei ben weithiau i fedru egluro'r gwallau mân er gwneud cyfiawnder. Rhyw dro roedd y Dyffryn Isaf a'r Dyffryn Uchaf yn dynn iawn i'w dyfarnu ac yr oedd dwy chwaer briod, un yn y naill gôr a'r llall yn y llall, wedi sicrhau ei gilydd mai nhw fuasai yn cael y wobr. Pan ddyfarnwyd y wobr, gwyliodd yr un oedd yn perthyn i'r ail gôr y beirniad yn mynd adref a dywedodd wrtho, 'Cofiwch eich bod i olchi eich clustiau yn iawn erbyn y tro nesaf, mistar.'

Yn ôl yr hanes cafodd yr hen Gymry eu heisteddfod gyntaf mewn cwt bach ar ben boncyn yr ochr uchaf i

Rawson. Boncyn Betsi Hughes oeddynt yn ei alw. Ym 1876 oedd hynny, er bod Elvey MacDonald yn sôn yn ei lyfr diweddar *Yr Hirdaith* eu bod wedi cynnal eisteddfod fach fwy nag unwaith cyn hynny gyda chystadleuaeth barddoni, siarad a chanu a gwmpas y tân.

I godi'r caban bach ar y boncyn yr oeddynt wedi cario planciau o draeth y môr lle roedd llong wedi ei dryllio rhyw dro. Cliriwyd y tir a gosodwyd y planciau gydag amryw bostyn o goed oedd yn tyfu ar lan yr afon. Gosodwyd sachau o hadau i'r dyrnaid bach o gynulleidfa yn eisteddle ond mi roedd y gân yn y galon a gwres y Celt yn eu hysbryd.

Soniwyd hefyd am Eisteddfod 1881 yn y Gaiman. Yno enillodd y Parch William Casnodyn Rhys, Frondeg, ardal Treorci'r gadair. Yr oedd Mr Rhys wedi dod i'r Wladfa ym 1875 gyda'i briod Margaret Ffrances Rhys oedd yn siarad mwy o Saesneg nag o Gymraeg. Fe gafodd ef ei ddewis i'r capel oedd yn Nhreorci cyn iddo gwympo gyda gorlif 1899 ac yna pregethai ymhob capel ble roedd galw amdano. Fe, hefyd, oedd arweinydd yr eisteddfod y diwrnod hwnnw a phan alwodd ar y ffugenw *Marwol* nid oedd neb yn ateb na chodi ar ei draed. Yna symudodd yntau ac eisteddodd yn y gadair ei hun a mawr fu'r clapio dwylo gan y gynulleidfa pan ddeallwyd mai ef oedd yr awdur.

Fel disgynyddion y Cymry yr ydym yn cydnabod yn haelionus bod gwerth mawr i bwyllgorau'r eisteddfod yn nodi cystadlaethau arbennig ar gyfer cyfieithu i'r Sbaeneg amryw o lyfrau gwerthfawr yr awduron fuont yn byw yma yn y blynyddoedd cyntaf ac oedd yn brofiadol o holl anturiaethau'r sefydliad. Dyma rai ohonynt: Llyfrau'r Parch Abraham Mathews, Eluned Morgan, William Hughes (Meloch), Lewis Jones, Daniel Evans. Fel y gwyddom bu Irma Hughes de Jones yn un o'r colofnau gwerthfawr i gyfieithu tri neu bedwar ohonynt. Erbyn hyn yr ydym yn medru eu cynnig i'r holl dwristiaid sydd yn cyrraedd Chubut, ac yn awyddus i wybod am hanes y sefydliad Cymreig. Mae'r rhan fwyaf o boblogaeth Ariannin yn anymwybodol o'r fintai heddychol hon. Ni fedrant ddychmygu mwy na chyflwr gwyllt y paith, y rhew a'r pengwyniaid! Maent yn synnu at y stôr o hanes sydd ar gael ac mae'r eisteddfod yn eu syfrdanu ac yn eu taro yn fwy na'r cwbwl.

Erbyn hyn mae llawer o gorau yn dod i gystadlu o wahanol daleithiau yr Ariannin. Mae dros gant yn cystadlu am y goron gan mai dyna brif wobr yr adran Lenyddiaeth Sbaeneg, ac yn ffodus gwelwn Gymry'r Wladfa yn llifo i mewn o hyd, rai ohonynt dros eu saith a'u hwythdegau, heblaw y to newydd sydd yn codi yn fwy pob tro. Mae'n bleser eu gweld yn y pwyllgor sydd yn trefnu ac ym mysg yr arweinwyr ar y llwyfan. Mae hyn yn galondid mawr ac yn obeithiol i ddyfodol yr eisteddfod.

Pob mis Medi mae Eisteddfod y Bobl Ifanc yn cael ei chynnal yn y Gaiman a gwelwn ddwsinau o blant yn cymryd rhan yn y ddwy iaith, yn mynd yn ôl ac ymlaen gyda'u bagiau bach lliwiog am eu gyddfau. Mae'n ddolur pen a chalon i'r beirniad ddyfarnu pwy yw'r tri sydd yn cael mynd i'r llwyfan.

Mae'r bardd ifanc yn derbyn medal am farddoniaeth yn adran y Llenyddiaeth Sbaeneg – rhodd y mae cyngor y Gaiman yn ei chynnig pob blwyddyn.

Mae plant yn dod o oddi allan i'r Wladfa i gystadlu ac maent yn cartrefu gyda'r plant lleol gan fwynhau yn fawr a gwneud ffrindiau newydd. Mae'n plant ninnau yn cael y fantais o dro i dro i fynd allan o'r Wladfa i ateb gwahoddiad neu i gystadlu, a hynny'n llwyddiannus iawn.

Rhwng yr eisteddfodau mae Mini Eisteddfod neu Micro Eisteddfod i'r plant ymarfer â chystadlu. Trefnir y rhain gan bwyllgor lleol ymysg y cymdogion neu hefyd gan ddisgyblion Ysgol Camwy dan arweiniad ewyllysgar y to ifanc a chymorth y rhieni.

Yn Eisteddfod Trelew llynedd cawsom y pleser o wrando côr capel yn cystadlu – agos i 80 ohonynt o dair i wythdeg a phump oed yn canu 'Bydd yn wrol . . .' Yr oedd yno blant tywyll eu croen a'u gwallt ynghyd â phlant golau â chroen gwyn, ar ben y llwyfan yn canu â'u holl nerth mewn parch a llawenydd. Darlun i'w gofio a hefyd wyneb y beirniad yn dotio atynt.

Da i ni, hefyd, yn y blynyddoedd diweddaraf fod beirniad o Gymru, mwy nag un, yn cael eu gwahodd i ddod drosodd.

Rhwng blynyddoedd 1910 a 1920 yr oedd y Parch Tudur Evans yn gwasanaethu yn Esquel a Chwm Hyfryd wrth odre'r Andes. Yn ystod yr amser trefnwyd eisteddfod yno ac ef enillodd y Gadair. Mae llawer Eisteddfod Gadeiriol wedi cael ei chynnal yn Nhrevelin bellach yn ddwyieithog, ac yn y blynyddoedd diwethaf mae corau o ochr draw y mynyddoedd yn Chile yn ymuno yn yr ŵyl ac yn cludo eu hofferynnau i gyfeilio i'r canu a'r dawnsio. Mae dawnsiau gwerin Chile yn atyniadol iawn yn eu gwisgoedd lliwiog a'u symud siarp a bywiog fel llawer dawns werin o Ariannin hefyd.

Mae'r eisteddfod yn y Wladfa wedi cychwyn yn ddwyieithog er y pumdegau gan fod diddordeb gan y cenhedloedd diarth, yn bennaf pobl Ariannin, a'u bod yn awyddus i gymryd rhan. Yr oedd deunydd yr iaith Gymraeg wedi lleihau yn amlwg a dim athrawon na phregethwyr wedi dod drosodd ar ôl y rhyfel i geisio parhau gyda'r cyrddau i ymarfer fel cynt. Heblaw hyn, bu'r llanw allan, dros bymtheg mlynedd o herwydd yr amgylchiadau a chyflwr economaidd y wlad ar ôl y Rhyfel Byd.

Ail gychwynnodd yr awydd am eisteddfod ynghyd â

chyrhaeddiad canmlwyddiant y glanio. Yr oedd pwyllgor swyddogol y llywodraeth yn trefnu rhaglen ac yn benderfynol o gynnal eisteddfod fel nodyn dyledus a theyrngar i sefydlwyr cyntaf y Wladfa. Daeth mintai dda o Gymry erbyn yr achlysur i roi hwb i'r galon a chredaf yn sicr iawn fod y ddolen gydiol hon wedi dal yn gryf rhwng y ddwy wlad o hynny ymlaen. Bu tri o ymgeiswyr am y gadair yn eisteddfod 1965 a'r awdl fuddugol oedd eiddo 'Blaen Tir', sef Dic Jones, Yr Hendre, Blaenannerch, Sir Aberteifi. Daeth corau o bob rhan o Chubut, o'r Andes ac o Comodoro Rivadavia. Bu côr Comodoro yn dod am bymtheg mlynedd heb fethu unwaith ac yn trafaelio dros 400 o gilomedrau ar ffyrdd caregog a llychlyd yr adeg honno. Yna aeth eu harweinydd i ffwrdd dramor gyda'i swydd gan adael y côr dan ofal bachgen arall o Gymro. Mae'r cyntaf wedi ymddeol erbyn hyn ac yn byw yn yr Andes lle mae wedi codi côr meibion sydd yn canu hen alawon yn Gymraeg ac yn gwahodd pob un o bob oed sydd yn hoff o ganu.

Bu Porth Madryn hefyd yn selog iawn dan arweiniad y Br Elved Williams. Mae ei ddisgynyddion heddiw yn cymryd ei le ac yn dilyn ei lafur yn gyson. Gallaf ddweud yr un peth am gorau'r Andes bell. Maent yn ffyddlon i'r eisteddfod erioed, llawer ohonynt yn perthyn i deulu y cerddor a'r arweinydd enwog Dalar Evans.

Ar ddathliad y canmlwyddiant roedd Neuadd Dewi Sant dan ei sang a phawb yn hwyliog gan fwynhau yn fawr. Bu ymweliad y pererinion o Gymru yn fendithiol a bythgofiadwy yn y digwyddiad neilltuol hwn.

Mae pob eisteddfod yn gadael rhyw argraff. Yr oedd perthynas i mi yn adrodd ei hanes yn blentyn deuddeg oed yn 1946 pan enillodd Irma Hughes y gadair yn ferch ifanc iawn. Gwyddom fod hyn wedi bod yn llawenydd eithriadol yn yr holl Wladfa gan nad oedd yn arferol i ferch gael yr anrhydedd. Nid oedd y plentyn hwn wedi gweld y seremoni o'r blaen ac felly tynnodd ei sylw pan alwodd yr arweinydd ar y buddugwr. Pan gododd hi ar ei thraed ynghanol y gynulleidfa a chael ei harwain ymlaen at y llwyfan, dywed ei bod yn edrych arni mor dlws ac eiddil, fel y dychmygodd, pan alwodd, weld angel. Safodd wrth ei chadair a dyma osod y cledd mawr uwch ei phen ynghyd â'r waedd arferol gan y ceidwad a chredodd, gydag arswyd, ei fod am ddisgyn ar ei phen neu ei gwddf.

Yn 1966 cawsom eisteddfod yn y Gaiman. Yr adeg hynny yr oedd yr ifanc a'r rhai hynaf yn yr un cwrdd gan mai felly cychwynnodd yn 1965, ond yr hyn sy'n aros yn fy nghof yw gweld Elvey MacDonald yn arwain. Ar ganol yr ŵyl cyhoeddodd y newydd trist ddaeth o Gymru am drychineb Aberfan, lle collwyd nifer o blant ysgol.

Pan ddaeth y sôn am ail gychwyn yr eisteddfod yn y canmlwyddiant daeth y syniad o gael Cymanfa Ganu y dydd Sul dilynol ac felly y bu. Cynhaliwyd hi yn Neuadd Dewi Sant dan arweiniad yr Athro Clydwyn Ap Aeron Jones a chyda phresenoldeb y pererinion a llu anferth o Gymry'r Wladfa. Cafwyd hwyl eithriadol y noson honno. Roedd y Fonesig Mali Evans o Gymru yn ymweld â'r Wladfa i ddathlu'r ŵyl a gwahoddwyd hi gan Clydwyn ap Aeron Jones i arwain dwy gân. Peth newydd i ni yn y Wladfa oedd gweld boneddiges yn arwain Cymanfa Ganu.

Byth er hynny y mae'r Gymanfa yn cael ei chynnal yn gyson ar ôl pob eisteddfod.

Ym 1909 cyflwynwyd y Goron am y tro cyntaf i fuddugwr y gystadleuaeth am gerdd vers libre. Enillwyd hi gan athro ysgol ddyddiol o ardal Ebenezer, y Dyffryn Uchaf, sef y Br William M. Hughes, Glan Caeron. Cafodd y bardd ei goroni gan Mrs Lewis Jones, Plas Hedd, ac mae'r goron yn cael ei chadw yn amgueddfa'r Gaiman lle mae cadair y Parch. Casnodyn Rhys (1881) hefyd. Mae'r gadair wedi ei gwneud o bren helyg sydd yn tyfu yn naturiol ar lannau'r afon ac wedi ei cherfio yn hynod.

Eisteddfod arbennig oedd honno gynhaliwyd yn Nhrelew yn 1913 pan agorwyd y Neuadd Goffa er nad oedd yr adeilad wedi ei lwyr orffen. Bu ymdrech fawr y gwladfawyr am fisoedd i godi hon fel cofadail erbyn hanner can mlwyddiant y glanio, a dyma ble mae'r gymdeithas Gymraeg wedi cwrdd erioed. Bu cyngerdd agoriadol noson cyn yr Eisteddfod a'r diwrnod canlynol cynhaliwyd Gorsedd y Beirdd.

Yr oedd diddordeb mawr gan y bobl ifanc i gael bod yn bresennol i weld y seremoni oherwydd nid pob amser yr oeddynt yn cael mynd i'r eisteddfod. Mae hen luniau yn dangos Cylch yr Orsedd y diwrnod hwnnw ar brif heol Trelew. Gorymdeithiodd Caeron, Ceidwad y Cledd, a'r beirdd urddedig at y Neuadd Goffa ac yn ôl at yr Orsedd. O'u blaenau yr oedd aelodau'r seindorf yn chwythu eu hutgyrn ac yn arwain y dyrfa.

Mewn campfa maent yn cynnal Eisteddfod yr Ieuenctid yn y Gaiman bellach a'r un modd yn Nhrelew, oherwydd fod pob adeilad arall yn rhy fach i ddal y gynulleidfa luosog sydd yn cymeradwyo gwaith yr ymgeiswyr a'r beirniaid ar bob adran.

Erbyn 2001 ail sefydlwyd Gorsedd y Beirdd yn y Wladfa. Gwelwyd criw o ymwelwyr o Gymru gyda'r Archdderwydd, y Parch Meirion Evans o'r Hen Wlad, yn eu gwisgoedd lliwgar. Llywydd Gorsedd y Beirdd yn y Wladfa yw Clydwyn ap Aeron Jones a chafodd ei goroni ar y maen Llog. Coron oedd hon gafodd ei gwneud gan Anthony Lewis ac a roddwyd gan Orsedd yr Hen Wlad. Arni y mae cwpled o waith y cyn Archdderwydd Geraint:

> Coron i Wladfa'r Cewri.
> Rhodd gan Gymru yw hi.

Rhoddodd hyn oll nodyn lliwiog iawn yn seremoni'r cadeirio y diwrnod dilynol ar lwyfan yr eisteddfod gan fod y grŵp oddi yma mewn mentyll glas ar ffurf *poncho*, dilledyn poblogaidd yn y Wladfa.

Rhestr o Feirdd Cadeiriol y Wladfa 1880 – 2002

1880	Frondeg	Thomas G. Pritchard – Glan Tywi
1881	Gaiman	Y Parch. William Casnodyn Rhys
1883	Gaiman	William H. Hughes – Glan Caeron
1884	Trelew	William T.Mason – Grugog
1891	Rawson	Neb yn deilwng
1892	Gaiman	William H. Hughes – Glan Caeron
1893	Trelew	William H. Hughes – Glan Caeron
1895	Gaiman	Gwilym Lewis
1898		Neb yn deilwng
1902		William H. Hughes – Glan Caeron
1908		Morgan Philip Jones
1909	Trelew	(coron) William H. Hughes
1910	Gaiman	Morgan Philip Jones
1911	Trelew	William H Hughes
1912	Gaiman	
1913	Trelew	
1917		Morgan Philip Jones
1918	Trelew	William Williams – Prysor
1919	Trelew	
1920		William Williams – Prysor
1921		William Williams – Prysor
1922	Gaiman	R. Bryn Williams
1923	Dolavon	Morgan Philip Jones
1924	Trelew	Cynan Jones
1925	Gaiman	Cynan Jones

1926	Dolavon	Owen Hughes – Glasgoed
1927	Trevelin	Cynan Jones
	Trelew	Cynan Jones
1928	Bro Hydref	Y Parch. Tudur Evans
1929	Trevelin	
1933	Trelew	Neb yn deilwng
1936		Dim manylion
1937	Trelew	Morgan Roberts
1942	Gaiman	Morris ap Hughes
1944	Gaiman	Evan Thomas
1945	Dolavon	Elved Price
1946	Gaiman	Irma Hughes de Jones
1947	Trelew	Evan Thomas
1949	Gaiman	Irma Hughes de Jones
1950	Trelew	Elved Price
1965	Trelew	Dic Jones
1966	Gaiman	Y Parch. D. J. Peregrine
1967	Trelew	Y Parch. D. J. Peregrine
1968	Gaiman	Morris ap Hughes
1969	Trelew	Morris ap Hughes
1970	Trelew	Irma Hughes de Jones
1971	Trelew	Irma Hughes de Jones
1972	Trelew	Elvey MacDonald
1973	Trelew	Elvey MacDonald
1974	Trelew	Henry Hughes
1975	Trelew	Neb yn deilwng
1976	Trelew	Iwan Morgan
1977	Trelew	Irma Hughes de Jones
1978	Trelew	Margaret Rees Williams
1979	Trelew	Margaret Rees Williams
1980	Trelew	Eirlys Hughes
1981	Trelew	Arel Hughes de Sarda

1982	Trelew	Neb yn cystadlu
1983	Trelew	Irma Hughes de Jones
1984	Trelew	Neb yn deilwng
1985	Trelew	Neb yn deilwng
1986	Trelew	Margaret Lloyd Jones
1987	Trelew	Irma Hughes de Jones
1988	Trelew	Osian Hughes
1989	Trelew	Cathrin Williams
1990	Trelew	Ieuan Jones
1991	Trelew	Eryl MacDonald de Hughes
1992	Trelew	Arel Hughes de Sarda
1993	Trelew	Geraint ab Iorwerth Edmunds
1994	Trelew	Karen Owen
1995	Trelew	R. J. H. Griffiths (Machraeth)
1996	Trelew	Owen Tydur Jones
1997	Trelew	Owen Tydur Jones
1998	Trelew	Arel Hughes de Sarda
1999	Trelew	Geraint ab Iorwerth Edmunds
2000	Trelew	Arel Hughes de Sarda
2001	Trelew	Monica Jones de Jones
2002	Trelew	Andrea Parry

2004 – Casnewydd a'r Cylch

Ymfudiad Cymry'r Wladfa i ymsefydlu mewn ardal yn yr Ariannin
Eilyw Pritchard

Teulu Walter Caradog Jones a'i briod Cathrine Ann Davies

Mae hanes ymfudiad Cymru'r Wladfa yn ystod blynyddoedd cynnar y wladychfa wedi cael ei ddisgrifio'n fanwl iawn gan lu o awduron enwog. Er hynny, mae llawer o amgylchiadau sydd yn ymwneud â'r teuluoedd wnaeth ymsefydlu ymhellach drwy diriogaeth ein talaith, ynghyd ag ardaloedd eraill o'r Ariannin, yn deilwng o sylw arbennig. Felly, ein dyletswydd ni fel disgynyddion ydy cofnodi eu hanes.

Os bu'r gwladychu cyntaf yn Nyffryn y Camwy yn llawn o anawsterau dirfawr, mae'n sicr wybyddus fod y teuluoedd bach aeth allan o'r Wladfa rhwng 1898 a 1901 i sefydlu tiriogaeth y de, o amgylch y ddau lyn, y Musters (Otron i'r brodor) a Colhué Huapi, wedi cael trafferthion enbyd a llawer cystudd wrth ail ddechrau cartrefu a chreu eu bywoliaeth ar dir estron. Yr oedd y ffaith eu bod gerllaw tiroedd y brodor yn creu ansicrwydd a phryder. Yn y mannau yma cafodd y Tehuelches barhau i fyw ar ôl y chwalfa a ddigwyddodd o ganlyniad i erledigaeth greulon milwyr y Llywodraeth.

Roedd rhai o'r Cymry wedi darganfod y llyn a adwaenent fel Colwapi yn y flwyddyn 1877, ond ni chafwyd gweledigaeth gyflawn o'r dyffryn oddi amgylch y pryd hynny. Ar fin terfyn y ganrif, rhoddodd y llywodraeth ganiatâd iddynt boblogi'r lle, penderfyniad a gefnogwyd gan Gyngor y Gaiman ym Mehefin 1892. Felly, gwnaeth amryw o deuluoedd fanteisio ar y cyfle i fynd yno mor fuan ag oedd bosibl. Yn y cyfamser, ymunodd rhai preswylwyr eraill â hwy i gadw anifeiliaid gwyllt yno gan geisio eu dofi a'u gwarchod rhag i'r Indiaid ymosod arnynt a'u dwyn. Arferiad fyddai'n achosi colledion enbyd i'r Cymry oedd hyn.

Un o'r Cymry cyntaf aeth yno i ymsefydlu oedd Walter Caradog Jones, genedigol o Birkenhead, Lloegr, gyda'i wraig Cathrine Ann Davies, yn wreiddiol o Forgannwg. Unwyd hwy trwy wasanaeth priodasol ar 22 Tachwedd 1884 gan y Parchedig J. Foulkes, yng Nghastell Nedd. Daethant i'r Wladfa o Resolfen yn y flwyddyn 1890, gyda'u hunig fab Evan David, pump oed. Erbyn hyn yr oedd tiroedd Dyffryn Camwy wedi eu rhannu yn gyfan gwbl, felly rhentodd y teulu dyddyn ym Maesteg ger Dolafon, lle buont yn ffermio am saith mlynedd. Câi Walter Caradog ei adnabod fel dyn o natur gadarn a phenderfynol, o gorff cryf ac ysbryd mawr a llawn hyder. Bu yn barod i ymuno â mintai fach wnaeth ddarganfod llefydd gerllaw Llyn Fontana lle bu yn chwilio am aur, tua phum can milltir i'r de orllewin o Ddyffryn Camwy. Trwy gysylltiad â'r brodor, y pennaeth Kinkel, cafodd wybodaeth ffafriol am sefyllfa'r dyffryn newydd. Daeth yn gyfarwydd, hefyd, â Gŵyl y Camaruco, seremoni a ddisgrifiodd mewn ffordd ychydig yn wahanol i'r hyn glywodd gan eraill cyn hynny.

Gwelodd fod y brodorion oedd yn cymryd rhan wedi

cael eu hyfforddi i'r pwrpas, a'r gweddill yn cadw draw yn swil am nad oeddent yn barod i wynebu'r ddefod. Wedi i'r pennaeth ddewis eboles a'i chlymu gyda lasŵ, fe'i gorchfygodd. Yna, tynnodd ei chalon allan a'i dangos i'r llwyth, a'r rheini yn bloeddio wrth ei gweld yn dal yn grynedig yn ei law. Yna rhoddodd beth o fwyd cyffredin i'r brodor yn y galon, a'i chlymu am goeden uchel, fel offrwm i'r *Gwalichw* (y Diafol neu'r Gŵr Drwg).

Aeth bron bedwar mis heibio cyn i Walter Caradog ddychwelyd adref wedi'r antur, a'i deulu heb wybod dim amdano. Ymdrechodd i fedi cnwd o wenith a gwneud tas ohono dan domen o wellt nes cael wageni i'w anfon i'r farchnad yn Nhrelew, ond aeth y cyfan ar dân. Gwnaeth y trychineb yma gryfhau ei ddymuniad i fynd i'r De gyda'i deulu. Derbyniodd gymorth gan ei chwaer o Gymru i'w helpu gyda'r fenter anodd. Galluogodd hynny iddo brynu defaid yng nghyffiniau Camarones a'u gyrru i Colhué Huapi.

Erbyn hyn, roedd y teulu wedi cynyddu i chwech o blant, Evan David (1885), Llewelyn Iorwerth (1891), Robert John (1892), Samwel Thomas (1894), Gwenllian Ann (1896) a Cadifor (1897) eto'n faban sugno. Yn anffodus, cyn iddynt adael Cymru, bu farw dau blentyn arall, John Walter yn 1889 a William Morgan yn 1890. Achosodd hynny iddynt ohirio eu hymfudiad rai misoedd.

Trwy garedigrwydd ei gymydog Arthur Phillips, bu'n bosibl i Walter Caradog fynd â llond wagen o'i gelfi, bwyd, dwy gasgen i gadw dŵr croyw ar gyfer y daith, ac ychydig o beiriannau, gydag ef, a chafodd yntau dunnell o wlân yn dâl am hyn. Teithiodd y teulu mewn trol dan do a dau geffyl, a mynnodd y mab hynaf farchogaeth ei geffyl ysgol a helpu'r gwas i yrru gweddill yr anifeiliaid, wyth o geffylau a thair buwch.

Dechreuodd y daith ar 20 Rhagfyr 1898 gan ddilyn

llwybr oedd prin yn agored am yr Andes ar ôl i'r gwladfawyr cyntaf fynd yno, a chyrraedd hyd man a alwyd yn Gwarchod yr Hesg. O'r fan honno ymlaen tua'r de trwy'r anialwch diderfyn i gyfeiriad lle o'r enw San Martín, at Nant Jenua (Genoa), a dilyn hon am y dwyrain hyd afon Senguer.

Cyraeddasant y Dyffryn o'r diwedd, y man a gâi ei adnabod wedyn fel Y Wladfa Ddelfrydol (Colonia Ideal), rhwng y ddau lyn mawr, Musters a Colhué Huapi. Taith ofnadwy oedd hon, ond roeddent yno ymhen pedwar deg pump diwrnod. Cawsant aml drychineb a llawer ansicrwydd wrth wynebu'r trip: y plant o hyd yn fach, a dim syniad ganddyn nhw sut y byddent yn adeiladu cartref newydd mewn lle dieithr.

Aeth y Dolig heibio ynghanol y paith, a'r Flwyddyn Newydd hefyd heb fawr ddim sylw, ond roedd y fam wedi llwyddo i wneud dol gyda hen sanau, blwch o wellt a gweddillion dilladau, yn anrheg oddi wrth Santa i Gwenllïan, ei hunig ferch fach, ddwyflwydd oed.

Oni bai bod Walter Caradog wedi dod i gysylltu â'r brodor, anodd yw credu y buasent wedi dewis y ffordd a'r cyfeiriad dieithr a wnaethant. Ond fel y dywedodd ei ddisgynyddion, trwy groesi'r paith daethant i olwg nifer o wersylloedd yr Indiaid. Rhoddodd hynny syniad iddynt am lefydd i gael dŵr i'r anifeiliaid ac iddynt hwy eu hunain hefyd. Bu'n fantais arbennig iddynt gael digonedd o gig bwystfilod, estrysod, *guanacos*, *piches*, ac ysgyfarnogod Patagonia, a physgod wedyn yn yr afonydd a'r llynnoedd gerllaw. Cafwyd adroddiad hefyd eu bod fel teulu wedi cael aberth oddi wrth y pennaeth Sagmata, i sicrhau eu bod yn diweddu eu taith heb niwed na gofid, gan eu bod hwy wedi bod yn ddigon hael i ymestyn anrhegion a thorth o fara i blant y tylwyth. Roedd yn wybyddus y byddai'r plant yn gwirioni pan welent eu hunain mewn darn o ddrych, ac roedd Mrs Cathrine Jones wedi paratoi at yr amgylchiadau hyn.

Trwy lwc, gwelsant fod y defaid wedi eu gwarchod yn dda gan fod y Llywodraeth yn cadw rheolaeth ar y lle, ac roedd Segundo Acosta ac Isidoro Szlapelis, yr unigolion a ymsefydlodd yno gyntaf, wedi cael gorchymyn i gadw mewn cysylltiad â'r teuluoedd a ddeuent yno i ymgartrefu.

Roedd Mrs Cathrine Jones yn hynod flinedig ond eto'n ymwybodol o'r cyfrifoldeb oedd o'i blaen i oresgyn yr anturiaeth, trwy ymdrech, nerth a ffydd, er mwyn sicrhau'r dyfodol gorau posibl. Unig a gofidus oedd eu bywydau fel trigolion yno ar y dechrau, er eu bod yn disgwyl bod Cymry eraill ar fin ymadael â Dyffryn Camwy i ymuno â hwy yn eu hymgais fythgofiadwy.

Ni fu seibiant o gwbl i Walter Caradog. Mewn amser byr llwyddodd i adeiladu tŷ gyda phriddfeini, to gwellt a chlai, dwy ystafell i ddechrau, ar ei fferm. Mewn caban oedd ei deulu yn byw ar y pryd, yn cael cysgod o'r gwynt y tu ôl i dwmpath, drain a choeden helyg. Yn agos ato tyllasant ogof yn y ddaear er mwyn cadw'r bwydydd yn ffres. Treulient eu bywydau mewn unigrwydd. Gwaith y bechgyn, o hyd yn ifanc, oedd gwarchod yr anifeiliaid ar y paith o afael y piwmas (llewod Patagonia) a'r llwynogod. Turient hwy dwll mawr yn y ddaear ger clawdd cysgodol i fyw ynddo, gan adeiladu silffoedd bob ochr fel bwrdd a gwely, to hesg drosto a simdde i'r mwg fynd drwyddo.

Gwarchodai Walter Caradog ei anifeiliaid yn ofalus, a chafodd gynnyrch da o wlân trwy gneifio ei ddefaid. Dychwelodd i Ddyffryn Camwy ym mis Ebrill 1899, ond y tro hwn cymerodd lwybr y gwnaeth y brodor lleol ei awgrymu iddo i gyfeiriad arall ychydig mwy cyfleus. Aeth yn ei ôl mor fuan ag oedd yn bosib at ei deulu, wedi iddo gael arian menthyg gan yr C.M.C. (Cwmni Masnachol Chubut) i brynu deunydd bwyd ar gyfer y gaeaf. Cafodd wybod yr adeg hynny fod rhai o'r Cymry eraill yn barod i fentro'r antur, ond dewisont hwy'r ffordd oedd yn dilyn yr Afon Fach (Rio Chico). *Iamacán* oedd yr enw a roddwyd arni gan y brodor. Rhedai hon yn gryf y pryd hynny, ac yr oedd llyn Colhué Huapi yn orlawn.

Yn y flwyddyn 1884 galwyd y lle hwn yn *Colonia Pastoril Sarmiento* er gwrogaeth i Arlywydd Ariannin (1868 – 1874), ond yn swyddogol, dair blynedd ar ddeg wedyn, ar Fehefin 21 y flwyddyn 1897, dan Lywyddiaeth y Dr. José Evaristo Uriburu, y cafodd y Wladfa newydd ei chreu.

Un arall oedd wedi ymuno â'r rhai ddymunai arloesi tiriogaeth y de oedd yr Eidalwr blaenllaw Francisco Petrobelli, wedi iddo ddiweddu ei gysylltiad â chwmni'r rheilffordd, estynnai o Borth Madryn i Drelew. Ymddangosai ei fod yn weithiwr dyfal, gyda'r profiad i wynebu'r fenter o ddatblygu llefydd dieithr. Crwydrai'r paith i wahanol gyfeiriadau gyda throl a cheffylau. Go anaml y byddai angen cwmni. Masnachu oedd ei brif waith ar y pryd. Daeth i gysylltiad gyda llawer o wladychwyr Sarmiento a gyda Walter Caradog a'i deulu yn enwedig. Cafodd fenthyg darn o dir i godi adeilad i warchod ei eiddo masnachol. Yn ddiweddarach soniai ei wraig, Mrs María Consiglia Petrobelli, am ei hamser diwyd pan ddaeth yno ar ei mis mêl, gan fyw mewn caban i ddechrau. Yno y bu'n cartrefu am rai blynyddoedd, ac yno y ganwyd ei merch, Victoria.

Trwy ei wybodaeth o fapiau morwrol Fitz Roy, agorodd Francisco Pietrobelli ffyrdd oddi yno at fôr Iwerydd am weriniaeth Camarones, B.Bustmante ac wedyn Rada Tilly a Comodoro Rivadavia. Mae poblogaeth Comodoro heddiw yn ei anrhydeddu fel sylfaenydd y dref ar 23 Chwefror 1901, er bod rhai haneswyr yn amau bod eraill hefyd yn deilwng o'r gydnabyddiaeth hon. Daeth y porthladd yma i fod o fantais i'r arloeswyr i ddanfon eu cynnyrch drwyddo yn y blynydde cyntaf. Gwnaethant hyn gyda wageni (*chatas*) wyth o geffylau, gan milltir dros y paith, bron wythnos o daith a chymaint arall yn ôl eto gyda llwyth o bob math o nwyddau angenrheidiol, fel byddai yn bosibl iddynt eu cael. Cafwyd syniad am lawer cystudd ac enbydion y profiad gan Samwel, un o fechgyn hynaf Walter Caradog. Pan oeddent yn croesi'r llechweddau, (*La Germana*) roedd yn rhaid iddynt fachu deuddeg o geffylau cryf i bob wagen i fentro'r llethr, ac eraill i'w dal yn ôl er mwyn eu harbed rhag gostwng yn rhy sydyn i lawr y dibyn yr ochor arall.

Yn y cyfamser, anfonodd y Llywodraeth y peiriannydd Policarpo Coronel yno gyda gorchymyn i rannu'r tiroedd fel yr oedd wedi ei benderfynu. Cynigient i bob priod â phlant dir i adeiladu tai arno lle roedd bwriad i godi tref yn y dyfodol, fferm chwarter lîg o dir pori yn y dyffryn, a thri chwarter lîg yn y cyffiniau a alwyd yn *Valle Hermoso*. Gwelent fod hyn, beth bynnag, yn llawer mwy nag a roddwyd i sefydlwyr mewn llefydd eraill yn yr amser hyn.

Dyma enwau'r teuluoedd ddaeth allan ar y pryd: Morgan Bowen, Owen M. Jones, Evan Coombes, John Thomas, Dafydd Jenkins, Stephen Jones, John Benjamin Jones, Edward Jenks.

Roedd hon eto'n daith beryglus a blinedig, bron ddeufis mewn gwersyll. Bu rhai o'r plant ac un o'r gwragedd yn wael, a daethant i wybod wedyn eu bod wedi cael twymyn yr ymysgaroedd. Ar ôl y gorlif mawr yn nyffryn Camwy a llawer o bryder a gofidion yn y fan honno hefyd oherwydd twf ofnadwy yr afon Senguer, dilynwyd hwy gan rai teuluoedd eraill, Robert Roberts, Evan Hope Jones, Gwilym D. Williams, John Williams, Edward Vaughan, John Charles Lambert, Gwilym Watters.

Teithient mewn wageni a throliau a llawer ohonynt yn marchogaeth eu ceffylau er mwyn arwain yr anifeiliaid.

Byddai hyn yn fythol arafu'r siwrnai, heblaw yr holl drafferthion enbyd. Mewn man lle roedd llechweddau uchel, bu raid iddynt ollwng y wageni a'r llwyth gyda rhaffau o bren uchel at waelod yr hafn. Galwyd y lle hwnnw yn Goriwaered y Polyn (*Bajada del Palo*).

Yr oedd pob un yn cael yr un fantais i feddu ei le, ac yn ymwybodol o'i ddyletswydd i barchu'r rheolau. Yn anffodus, dim ond ambell un o'u cartrefi oedd yn ymyl ei gilydd. Er hynny, buont yn hynod awyddus i gymdeithasu a chyd-fyw drwy bob trallod ac anhawster, er gwaethaf profedigaethau dirfawr a salwch.

Fel yr oedd yn gyffredin i'r Cymry yn Nyffryn Camwy, ac er garwed eu sefyllfa ar y dechrau, roedd eu bywyd ysbrydol yn gryf. Gwnaethai hyn iddynt ymdrechu i gadw gorchmynion y Saboth.

Buont yn cynnal gwasanaethau duwiol yn y tai i ddechrau, ac mewn prin amser codwyd capel bychan ar dir Gwilym D. Williams, ger tyddyn cyntaf Walter Caradog. Cafodd ei saernïo gyda choed helyg a chymysgedd o fwd a gwellt, a tho hesg a chlai arno i rwystro'r gwlybaniaeth. Mewn rhai blynydde a chan fod y Capel Bach yn ddrwg ei gyflwr, adeiladwyd un arall ychydig yn fwy ond o'r un defnydd eto, ac mewn lle cyfleus i'r rhan fwyaf, ar ffarm Evan Coombes, teulu blaenllaw ac ysbrydol iawn.

Er na fu gweinidog safadwy yno, cynhelid gwasanaeth crefyddol ac Ysgol Sul yno am dros ddeugain mlynedd. Adnabyddid y rhai hyn fel prif swyddogion cyntaf y capel, sef Dafydd Jenkins, Stephen Jones, Dafydd Coombes, Owen M. Jones. Bu Walter C. Jones hefyd yn hynod ffyddlon i grefydd ac yn barod i ddatblygu pob llafur diwylliannol. Gwnaeth yn gyfleus hefyd ei sied (*galpon*) fu gynt yn cadw cynnyrch a pheiriannau ar ei ffarm, er mwyn cynnal pob cyfarfod arbennig ac i ddathlu Gŵyl y Glanio a'r Nadolig, yn enwedig pan oedd y tywydd yn anffafriol, a bu Mrs Cathrine Davies yn weithgar a theyrngar ei chymwynas er mwyn sicrhau llwyddiant dedwydd pob achlysur.

Erbyn hyn roedd teulu Walter Caradog wedi cynyddu. Yn 1899 ganwyd Gwilym Sarmiento, y mab cyntaf i deulu Cymraeg aeth yno, yn 1901 ganwyd Herbert Rees, yn 1904 Edgar, yn 1906 Ellis, yna Joseph Figueroa Alcorta yn 1908, yr un enw ag Arlywydd Ariannin ar y pryd (1906 – 1910). Felly, cynyddodd nifer eu plant byw i un ar ddeg, gyda'r hynaf ond eto'n ddwy ar hugain pan anwyd Joseph.

'Dy dad a'th fam a lawenycha; a'r hon a'th ymddûg a orfoledda.'
(Diarhebion 23, adn. 25)

Gwnaeth gwragedd yr arloeswyr cyntaf aeth yno ddioddef pob math o anawsterau, ond mae rhai o'u gorthrymderau yn deilwng o sylw arbennig: y byw mewn unigedd heb fawr o gymdeithas â'i gilydd a phan âi'r gwŷr ar deithiau am fisoedd a'u gadael gyda'r plant, gan wynebu ansicrwydd beunydd, ni wyddent pa bryd y gallai gwylliaid neu'r hanner Indiaid ymosod arnynt.

Ond un o'r adegau mwyaf gofidus oedd yr amser pan fyddai'r mamau yn feichiog, heb ysbyty na meddyg o fewn cyrraedd, a chael bydwraig mewn pryd, os byddai un ar gael. Credwn fod ymroddiad y bydwragedd yma yn dangos caredigrwydd o'r radd uchaf a chofiwn gyda pharch a diolchgarwch amdanynt – y gwragedd ffyddlon a dewr hyn fu yno'n ymsefydlu. Ni fyddai'r disgrifiad hanesyddol yma yn gyflawn a chyfiawn oni fyddai'n enwi un o'r bydwragedd mwyaf addfwyn a fu yno i gyflawni'r gwasanaeth rhinweddol yma. Bu Mrs Mary Ann Jones (Bopa i bawb), priod Edward John Jones, yn fythol barod ar gyfer pob galwad, ddydd a nos dros yr holl flynydde, cyn y daeth ysbyty a meddygon yno i roi llafur proffesiynol.

Gan wynebu'r cyfrifoldeb enfawr oedd yn pwyso arno,

gwnaeth Walter Caradog ymddiried mewn llafur caled, yn enwedig i gryfhau safon ei anifeiliaid, yn ddefaid a gwartheg, a thrin tiroedd er mwyn cael tyfiant pori, a hefyd ardd o fwydlysiau a ffrwythau. Gofynnai hyn am ymdrech fawr i gadw trefn ar ddŵr yr afon a fyddai'n llifeirio mewn llawer man yn y Dyffryn. Achosodd llifogydd o'r afon ddifrod enbyd lawer blwyddyn, cyn iddi gyrraedd Llyn Musters, ac oddi yno at y Colhué Huapi, sydd yn fas, ac âi gorlif hwn drachefn i'r Afon Fach ar rai adegau. Gwaith beunyddiol i bobol y ffermydd fyddai gwneud camlesi i anfon y dŵr, mor gyfartal â phosib, i'r holl dir cynhyrchiol, a chodi cloddiau cyn y gaeaf i amddiffyn rhag twf yr Afon Senguer. Bu eu profiad o weithio yn Nyffryn Camwy, i ddatblygu ffyrdd i ddyfrhau'r tir yno o fantais iddynt.

Roedd bechgyn hŷn Walter Caradog, oedd bellach yn oedolion, yn gorfod arfer â gweithio mewn amodau anffafriol, heb beiriannau pwrpasol a thechnegol nes y daeth gwell bywyd masnachol i'r dref, a oedd yn cynyddu yn araf. Anaml iawn y gallent gysylltu â threfydd Dyffryn Camwy ac eto Comodoro Rivadavia, nes y daeth y rheilffordd oddi yno yn y flwyddyn 1914, yr hyn wnaeth gyfnewidiad neilltuol i'r diriogaeth, ac i Sarmiento yn enwedig.

Nid hawdd oedd hi i blant y ffermwyr gael addysg gyson yn yr ysgol, oherwydd llawer o anawsterau. Deuent yno ar gefn ceffylau o bellter ffordd, amryw yn sgil eraill, a'r tywydd yn oer a gwlyb. Oherwydd hyn bu gofyn i'r awdurdodau gynnal y dosbarthiadau yn yr haf.

Caled a hir oedd y gaeaf yno, y rhew a'r eira yn achosi profedigaethau enbyd. Rhewai'r dŵr fel y gallent groesi'r afonydd ar geffyl mewn rhai mannau. Yn aml rhaid oedd torri'r rhew er mwyn cael dŵr i'r anifeiliaid.

Yn ddiweddarach bu llafur Cristionogol Cymry Sarmiento yng ngofal teulu neilltuol ysbrydol sef William

David Williams, drygist, a'i briod Sara Jones, hefyd Benjamin Jones a'i briod Urania Jones, Cymraes fu'n cysegru ei llafur i hyfforddi'r ieuenctid mewn crefydd a diwylliant ar hyd ei hoes. Buont yn cynnal gwasanaeth crefyddol yn eu cartref am amser hir, gan fod y capel mewn sefyllfa wael ac nid oedd modd newid ei sylfaen na'i ail saernïo o gwbl.

Yn nes ymlaen daeth gŵr ifanc yno o'r enw Tudur Evans, o natur ysbrydol iawn a pharod at wasanaeth cymdeithasol. Aeth allan wedyn i gael addysg efengylaidd yng Nghymru. Dychwelodd i'r Wladfa yn briod, a bu yn gwasanaethu'r weinidogaeth yno am flynydde, a mentrodd y daith i Sarmiento yn ei fodur i bregethu'r efengyl aml i Sul, a manteisiai ar y cyfle i fedyddio llawer o blant. Gweinidog arall aeth yno hefyd oedd Mr Samuel Morgan, ond anaml oedd posib cael ei bresenoldeb, er iddo ddymuno hynny. Yn ddiweddarach daeth y gwasanaeth crefyddol i law Miss Nest Evans, a oedd hefyd yn awyddus i ddysgu'r iaith Gymraeg yn yr Ysgol Sul. Roedd hi hefyd yn flaenllaw mewn pob gwasanaeth diwylliannol. Gwnaeth ymdrech enfawr i gadw'r traddodiadau Cymreig yn ôl safon efengylaidd, a bu yno am dros ugain mlynedd. Bu amryw o ddisgynyddion Walter Caradog yn cadw presenoldeb ffyddlon tra bu hi'n rhoi ei llafur gwerthfawr yno.

Er cymaint o weithgareddau, bu llawer ymdrech i gadw'r plant a'r bobol ifanc mewn llawen fwynhad. Roedd hyn yn cael ei wneud trwy gadw cysylltiad â'r teuluoedd mor aml â phosib, yn enwedig yn ystod tymhorau'r gwanwyn a'r haf. Roedd cael diwrnod o seibiant ar lan yr afon yn hynod bleserus, a thrip mewn wageni a cherbydau i blant yr Ysgol Sul i lefydd anadnabyddus yn creu diddordeb mawr ac addysgiadol hefyd.

Mewn rhai blynydde gwnaeth Walter Caradog wella ei

wasanaeth amaethyddol a chafodd lwyddiant hefyd gyda'i gynnyrch o ddefaid a gwartheg, ond gan fod ei blant bellach yn briod ac yn gwneud eu cartrefi eu hunain, roedd yn gofyn iddynt fod yn berchen eu heiddo eu hunain, felly rhannodd ei diroedd fel oedd ei ddymuniad. Aeth Evan David i fyw i'r Gaiman a phriododd gyda Dilys Owen a buont yn cadw Tŷ Te Plas y Coed yno am flynydde. Ffermwyr oedd y brodyr hynaf. Priododd Llewelyn gyda Mair Coombes, Robert John efo Bertha Watters, a Samwel gyda Sephora Roberts. Bu Gwenllian yn cytuno â'i mam drwy ganlyn gwaith cartref, trin y bwydydd, godro'r gwartheg a thendio'r holl weithgareddau enfawr oedd o'i blaen. Er ei hieuenctid tyner, priododd gyda John Brooks, dyn boneddigaidd a chadarn. Bu'n gwasanaethu ar ffermydd enfawr y peithiau *(estancias)*.

Magasant hwy deulu dedwydd iawn, ac roedd modryb Gwen yn barod o hyd gyda'i charedigrwydd. Bu Cadifor yn gwasanaethu ei ffarm ac aeth i fyw i'r dref ar ôl hynny. Priododd ef gydag Isabel Jenks. Aeth Gwilym i Ddyffryn Camwy i ffarmio. Priododd â Margaret Cooper a chafodd deulu lluosog

Roedd Herbert yn briod gyda Mary Vaughan. Bu'n gweithio mewn banc nes ymddeolodd yn nhalaith Buenos Aires. Bu Edgar yn gyfrifol am gwmni masnachol ac yswiriant yn San Julián, de talaith Santa Cruz,. Priododd ef gyda Meinir Jones, dynes llawn boneddigeiddrwydd ac o gartref diwylliannol y Wladfa. Bu farw Joseph yn ifanc iawn.

Fe wnaeth Walter Caradog fenthyg rhan o'r tir a dderbyniodd yn y dref, er mwyn adeiladu un o'r ysgolion dyddiol cyntaf. Gwnaeth hyn er ewyllys da i'r boblogaeth, nes i'r llywodraeth adeiladu ysgol sylfaenol yno.

Yn nes ymlaen, ar y tir yma, adeiladodd ei fab Samwel Thomas gartref, lle y bu'n byw am y rhan ddiwetha o'i oes ar ôl ffarmio am lawer dydd a magu teulu niferus gyda'i annwyl briod, Sephora Roberts, un o deulu Robert Roberts aeth yno i ymsefydlu hefyd ger genau Afon Fach yn Llyn Colhué Huapi yn 1901. Cafodd y rhan fwyaf o blant Walter Caradog deuluoedd lluosog yn Sarmiento, ond er cymaint ei ddisgynyddion ychydig ohonynt sydd yno'n amaethu heddiw.

Am dros ugain mlynedd bu Walter Caradog a Cathrine Davies yn gwladychu Sarmeinto, eu Gwladfa Ddelfrydol. Daethant drachefn i Ddyffryn Camwy i'w cartref yn y Gaiman, tŷ adeiladwyd â cherrig nadd ar stryd Hafn y Gweddwon (Stryd M. D. Jones 342) lle treuliasant ran olaf eu bywydau. Yn sydyn iawn bu farw Walter Caradog Jones ar yr 8fed o Dachwedd 1926, yn 63 mlwydd oed, oedran bychan o ganlyniad i'w lafur gwladychol helaeth, ar ôl iddo fod yn drafaeliwr diflino mewn dirfawr amgylchiadau. Fe wnaeth Cathrine Davies barhau ei bywyd cartrefol yno, trwy wasanaeth cymdeithasol ac ysbrydol. Nid anghofiai byth ei chefnogaeth bythol i'w holl deulu ar wasgar bellach, a bu'n treulio llawer dydd rhwng Dyffryn Camwy, Sarmiento a gyda'i merch Gwenllian yn *estancia* San Diego, ger Comodoro Rivadavia, ble hunodd mewn hedd yn y flwyddyn 1947 pan gyrhaeddodd ei hoedran o 82 mlwydd oed. Mae eu gweddillion yn gorffwys ym mynwent y Gaiman.

2005 – Eryri a'r Cyffiniau

Dygymod â'r elfennau yn y Wladfa
Luned Vychan Roberts de González

Dyma deitl rhyfedd i sôn amdano: 'Dygymod â'r elfennau yn y Wladfa'. Ai adrodd hanes yr Hen Wladfawyr tybed, yn cyrraedd i wlad ddieithr gwbl wahanol i Gymru? Mynd dros yr anturiaethau a'r ymdrechion a fu yn rhan o fywyd cynnar Y Wladfa ac sydd yn ennyn ynom edmygedd o ddewrder a dyfalbarhad ein cyndeidiau? Sôn am hinsawdd caled Patagonia? Cyfansoddi cerdd i'r elfennau gan ganu am yr awyr las a'r awel fwyn a'r haul tyner? Na, wir, a chan nad wyf yn hanesydd nac yn fardd, mynd dros fy atgofion personol fyddaf i drio gwneud cyfiawnder â'r gystadleuaeth hon gan obeithio peidio eich blino â mân siarad.

Ers talwn (rwyf wedi cyrraedd oed lle mae rhywun yn defnyddio yr ymadrodd hwn yn aml), cyn i argae Ameghino gael ei chodi, roedd yr afon yn mynd yn isel iawn yn yr haf. Dim ond dŵr oedd yn ffiltro iddi oedd yn rhedeg yng ngwaelod yr afon gan fod y dŵr a ddeuai yn yr afon o'r mynyddoedd yn cael ei anfon i'r camlesi yn Ngheg y Ffos. Felly, roedd y dŵr oedd yn cael ei bwmpio o'r afon ac yn cyrraedd trwy'r tap yn ddŵr caled iawn ac roedd y sebon yn 'torri'. Hunllef oedd golchi bob dydd Llun. Roedd dŵr y ffos yn fwy meddal na dŵr yr afon. Felly, roeddem, bob nos Sul, ar ôl y cwrdd nos yn y capel yn gorfod cludo dŵr o'r ffos i'n cartref i olchi'r dillad y bore wedyn. Nid oedd hwn yn waith hawdd: cario dau lond bwced, un ym mhob llaw. Neu gario padell lawn rhwng dwy a bwced yn y llaw rydd. Roeddwn yn byw ar y bryn felly roedd hi yn dynnu i fyny trwy'r amser a rhaid oedd gwneud mwy nag un siwrne.

Nid oedd hi yn hawdd ar y ffermwyr yn yr haf. Os oedd hi wedi bod yn aeaf sych nid oedd cymaint o ddŵr yn dod yn yr afon ac roedd prinder dŵr yn y ffosydd. Roedd hi yn galed ar y ffarmwr oedd yr olaf yn y *'branch'*, sef y ffos oedd yn cael ei defnyddio gan amryw o ffermwyr. Rhaid cymryd eich tro i ddyfrio a doedd rhai ddim mor onest â hynny ac yn dwyn dŵr, sef ddim yn rhoi cyfle i'w cymdogion. Bu mwy nag un ffrae oherwydd hyn a bygwth hyd yn oed â gwn.

Yr oedd yn arfer defnyddio dŵr o ffynnon yn yr amser gynt ac roedd teiffoid yn glefyd oedd yn mynd â llawer i'r ochor draw. Gan nad oedd *antibiotics* ar gael roedd o yn salwch peryg ofnadwy ac yn cymryd amser hir i wella a llawer o nyrsio. Collodd un teulu ei mam yn ifanc. Roedd hi yn berson caredig dros ben ac aeth y gwas yn sâl efo'r teiffoid a mynnodd hi edrych ar ei ôl ac yn y diwedd bu hi farw o'r clefyd gan adael chwech o blant ifanc amddifaid ar ei hôl. Roedd hi yn rheol yn ein cartref bod dŵr i'w yfed yn cael ei ferwi bob amser, ac i ddweud y gwir, rydym yn dal efo'r arferiad; byth yn yfed mate efo dŵr heb ei ferwi.

Erbyn hyn mae'r dŵr yn ein tapiau yn loyw ond yr amser hwnnw roedd y dŵr yn dod yn fwdlyd iawn ar brydiau ac nid oedd y dŵr yma yn addas i olchi dillad. Felly roedd gennym, gartref, danciau o dan bob lander i ddal y dŵr glaw. Gan ei bod hi yn glawio yn anaml iawn yn Nyffryn Chubut roedd y dŵr glaw yn gorffen yn fuan a rhaid oedd troi'r dŵr mwdlyd yn ddŵr clir. Roedd amryw o ffyrdd i wneud hyn. Un oedd gadael y dŵr yn dawel yn y tanc a disgwyl i'r mwd waelodi. Ond nid oedd hyn yn ddigon, defnyddid alwm weithiau a throeon eraill gerrig bricyll. Roedd rhaid cadw'r cerrig ac wedyn agor pob un i dynnu'r 'galon' a hwnnw oedd yn mynd i'r tanc i wneud ei waith gloywi. Yn ffodus mae coed bricyll yn bethau hawdd eu tyfu yn ein hardal ac yn goed ffrwythlon iawn. Clywais wedyn bod yna wenwyn yng 'nghalon' y bricyll. Ni wn os ydy hyn yn wir ond roedden ni yn cael blas bach chwerw arnynt pan roeddem yn eu bwyta.

Rwyf wedi sôn am brinder dŵr, efallai y gallwn yn awr gyfeirio at ormodedd ohono. Pan nad oedd yr argae Ameghino wedi ei chodi roedd llifogydd yn bethau oedd yn digwydd bob hyn a hyn. Nid pob blwyddyn efallai ond nid yn anaml. Roedd yr afon yn dechrau codi yn ddyddiol a rhaid oedd codi banciau i dreio cadw'r dŵr draw o'r caeau a'r cartrefi. Roedd rhai llefydd yn y dyffryn lle roedd yr afon yn debygol o dorri allan a phawb yn pryderu. Yn y Gaiman roedd dŵr yn llanw stryd Irigoyen ger yr afon a hanner y sgwâr dan ddŵr. Mae rhai trigolion yn cofio, siŵr o fod, am fynd mewn cwch i gael trin eu dannedd efo'r deintydd Rentería Beltrán. Rhaid oedd codi banc rownd capel Bethel i gadw'r dŵr draw. Yn y ffermydd roedd y dynion yn cloddio ddydd a nos ond mae'n syndod fel mae dŵr yn ffeindio ei ffordd ac anodd yw ei stopio. Codi, codi roedd y dŵr a threiddio i bob cornel. Ac yn y llefydd *critical* megis Villa Inés, roedd y banciau yn torri weithiau a'r dŵr yn llifo allan ac yn mynd dros y ffermydd cyfagos fel llyn mawr.

Erbyn hyn mae rhai yn meddwl nad oedd y llifogydd ddim mor ddrwg gan fod y dŵr yn gadael mwd cyfoethog oedd yn gwrteithio'r tir ac yn ei wneud yn ffrwythlon. Peth arall rwyf wedi ei glywed ydy nad ydy dŵr clir sydd yn dod yn awr o'r argae ddim hanner mor dda i ddyfrhau â dŵr mwdlyd ers talwm.

Weithiau mae storm sydyn yn dod ac mewn llai na hanner awr cawn gymaint o law yn disgyn â chyfartaledd yr hyn rydym yn ei gael mewn blwyddyn gron. Gan fod Gaiman wrth y bryniau, yn sydyn mae afonydd o ddŵr mwdlyd yn byrlymu lawr o'r bryniau ac yn cario popeth o'i flaen. Gall y dŵr ddod mewn trwy ddrws y cefn ac allan trwy'r drws ffrynt. Mae ffermydd wedi cael eu difetha efo'r sand yn dod o'r bryniau efo'r glaw sydyn hwn. Y peth sydd yn eich synnu ydy mor fuan mae'r tir yn sychu ar ôl y glaw. Mae'r gwynt a'r haul yn gyfrifol am hyn wrth gwrs.

Mae gwynt yn gallu bod yn fendith neu yn felltith. Ar ddiwrnod poeth o haf dyna braf ydy cael awel ffresh o'r môr gyda'r nos sydd yn oeri'r tai ac yn caniatáu i ni gysgu'n braf. Mae disgwyl mawr am wynt y môr pan mae hi'n bnawn hir o haf poeth. Peth arall ydy gwynt y gogledd, gwynt sych a chrasboeth sydd yn eich gwneud yn ddrwg eich hwyliau yn aml.

Mae gwynt y gorllewin yn beth parhaol yn ein hardal, yn enwedig yn y gwanwyn. Ddiwedd mis Awst rydym yn cael storm o wynt yn aml iawn; storm *'Santa Rosa'* gan mai ar 30 Awst mae diwrnod y santes hon. Mae llawer o'r hen dai efo rhes o gerrig ar y to i gadw'r sinc rhag hedfan ffwrdd efo'r gwynt. Ond bob blwyddyn mae rhyw dŷ yn colli peth o'r to efo nerth y gwynt.

Oherwydd y gwynt mae hi yn anodd cadw eich gwallt yn deidi pan yn cerdded o un man i'r llall yn y pentref. Cofiaf ein bod yn defnyddio hances pen pan yn ifanc a'i chlymu o dan ein gên. 'Chydig o bobol sydd yn dal efo'r arferiad ond mi rwyf yn gweld rhai gwragedd hŷn yn defnyddio hances pen a'i chlymu tu ôl i'r pen.

Dyna chi yn mynd i gael diwrnod yn lan y môr, codi'n gynnar, cychwyn heb oedi â llond basged o fwyd blasus gan feddwl cael picnic ar y traeth. Cyrraedd y lan tua chanol y bore a dyna chi, y gwynt yn codi a'r sand yn treiddio i mewn i bob cegaid. Anodd ydy mwynhau brechdanau sandiog a'ch croen yn llosgi efo'r cerrig mân sydd yn tasgu yn y gwynt.

Mae'n syndod fel mae rhywun yn gweld eisiau'r gwynt os oes diwrnod neu ddau heb awel yn dod. Mae fel pe tase ni wedi dod i ddibynnu arno ac yn disgwyl gweld y dillad yn dawnsio ar y lein a'r gwynt yn chwythu papurau a bagiau plastig i berfeddion y môr.

Ar y paith mae melinau gwynt yn codi dŵr a hefyd yn cynhyrchu trydan. Mae cwyn gwichlyd yr olwyn yn troi yn yr awel yn cadarnhau bydd digon o ddŵr i'r anifeiliaid a'r planhigion ynghanol sychder yr anialwch.

Yn y gaeaf mae'r gwynt yn fain a llym ond daw'r haul i gynhesu ein hesgyrn yn braf. Mae diwrnod tawel a heulog o aeaf yn beth hyfryd dros ben. Mae'n arferiad galw'r tywydd heulog yma yn *'poncho de los pobres'* ac yn wir mae'r haul yn gallu eich cynhesu trwyddoch yn braf.

Pan mae hi yn dywydd sych iawn mae'r gwynt yn codi cymylau mawr o lwch: llwch sydd yn mynd i'ch llygaid ac yn cosi eich gwddf. Mae gwragedd tŷ taclus mewn brwydr barhaus yr erbyn llwch. Mae dystio yn orchwyl dyddiol yn eu cartrefi. Rhaid defnyddio aden gwyddau gwylltion i gyrraedd y corneli yn iawn a gallu eu glanhau yn drwyadl. Ni wn os oes un o feirdd y Wladfa wedi canu clod i'r aden gwyddau gwylltion sydd mor ymarferol i lanhau corneli ond mae'n siŵr ei bod yn haeddu englyn neu ddau. Erbyn hyn mae'r sugnwr llwch yn gwneud y gwaith yn ei lle.

Cofiaf, pan yn reit ifanc, fod yna rasys moduron yn cael eu trefnu; ras oedd yn mynd o amgylch y wlad. Roedd Fangio yn un o'r ffefrynnau yn y rasys yma a'r brodyr Gálvez. Mewn un ras roeddent yn dod o'r de ac yn croesi dyffryn Camwy a mynd heibio'r pentre, a dyna lle roeddem ni y plant, a llawer o oedolion hefyd, ar ben y bryn yn y Gaiman yn gwylio bryniau Bryn Gwyn yr ochor draw i'r dyffryn i gael gweld y cwmwl llwch oedd yn tystio eu bod yn agosáu. Yn fuan wedyn yr oeddynt yn croesi pont yr afon ac yn melltennu trwy'r stryd fawr a dim ond llwch ar eu hôl.

Peth cas ydy mynd am dro ar lwybr gwledig a chael eich hunain tu ôl i gar arall a gorfod teithio ynghanol y llwch. Ond os ydych ynghanol y paith a'r modur wedi torri lawr dyna gysurlon ydi gweld cwmwl ar y gorwel yn dangos bod rhywun yn agosáu a help wrth law.

Gwlad yr eithafion ydy'r Wladfa ac mae'r haf yn gallu bod yn boeth iawn. Rhaid bod yn gyfrwys iawn i gadw'r tai yn ffresh yng nghanol yr haf. Yn ystod y dydd y peth gorau ydy cau'r llenni a chadw'r tŷ yn dywyll a phan fydd y tymheredd yn dod lawr gyda'r nos, agor y ffenestri a gadael i'r awel fynd trwy'r tŷ a'i oeri. Mae'n arferiad hefyd ddyfrhau y tir rownd y tai. Mae hyn yn helpu i gadw'r lle yn ffresh a chadw'r llwch draw.

Mae'r gaeaf yn gallu bod yn galed iawn. Rydym ni rŵan yn cynhesu ein tai efo tân nwy ac mae pob man yn gynnes neis. Ond pan roeddwn yn blentyn, roedd stôf goed neu le tân ym mhob cartref. Gorchwyl dyddiol i ni, y plant, oedd hel 'coed mân' a pharatoi'r lle tân efo pyramid o goed mân taclus yn barod i gynnau'r tân pan fuasai angen. Roedd rhaid bod yn ddarbodus a phrynu coed tân yn yr haf i fod yn barod i'r gaeaf, cyn i'r pris godi. Dada oedd i fod i dorri coed, oni bai iddo dalu i rywun arall am wneud. Ac roedd hi yn fater o raid bod â'r bocs coed tân yn llawn cyn bore wedyn. Ond weithiau roedd y bocs yn wag a dyna lle roedd hi yn mynd yn ddrwg rhyngddo fo a phwy bynnag oedd yn gyfrifol am gynnau'r stôf yn y gegin bob bore. Stôf haearn wedi ei gorchuddio gan enamel gwyn oedd gennym ni yn y gegin, wedi cael ei hallforio o'r Almaen. Roedd yna bibellau yn y stôf i gynhesu'r dŵr i ni gael bath. Ond roedd hyn yn amharu ar effeithlonrwydd y ffwrn. Rhaid oedd cael tân bywiog iawn i gael y ffwrn i wneud ei gwaith a ni dderbyniai'r stôf ond coed o faint byr, dipyn byrrach nag oedd yn arfer eu paratoi gan y rhan fwyaf o'r torwyr coed. Roedd hyn yn creu dipyn a drafferth pan oedd eisiau coginio teisen.

Yn yr ysgol roedd yr ystafelloedd dysgu yn cael eu cynhesu hefyd â stôf goed a doedd mam, oedd yn athrawes, ddim yn credu o gwbl mewn gadael i'r plant ddiodde oerfel. Ar y llaw arall, roedd y prifathro yn gorfod gofalu nad oedd 'na ddim gormod o goed tân yn cael eu llosgi yn ddyddiol gan fod y llywodraeth yn anfon ychydig iawn o bres at hynny. Pasiodd y ddeddf na ddylai'r athrawon roi coed yn y stôf yn ystod yr awr ddiwedda yn yr ysgol. Un diwrnod creulon o aeaf mi wnaeth mam wrthryfela a rhoi coed yn y stôf yn agos i amser y gloch ddiwedda. Dyma'r prifathro yn ei galw i sylw, 'Wel', dwedodd mam, 'mi ddof â'r coed tân fy hunain', a mi wnaeth!

Wrth gwrs efo'r stôfs neu'r llefydd tân yn gyn trwy'r dydd roedd yr ystafelloedd byw yn gysurus, ond, am yr ystafell wely, roedd rhoi eich trwyn mewn trwy'r drws yn gwneud i chi rynnu. Dyna braf oedd swatio dan y dillad gwely (amryw o flancedi trwchus a chwilt *patch*) efo potel ddŵr poeth gynnes, gynnes (neu fricsen boeth) wrth eich traed.

Yn y gaeaf roedd llawer o blant, yn enwedig y rhai oedd yn cerdded o'r ffermydd i'r ysgol, yn cael llosg eira ar eu traed a'u dwylo. Roedd y cosi yn eich gyrru yn wallgo ond yn waeth fyth roedd y llosg eira yn peri i'r croen dorri weithiau ac roedd hyn yn boenus dros ben. Credai rhai bod rhwbio'r llosg eira efo pi-pi yn help i'w gwella ond ni phrofais y driniaeth yma erioed.

Doedd rhai teuluoedd ddim yn gallu fforddio prynu coed tân ac felly roeddent yn mynd allan i'r paith i hel coed. Gan fod ein cymdogion yr arfer mynd i hel coed i'r 'camp' a minnau yn ffrindiau mynwesol efo un o'r plant roeddwn yn mynd efo nhw weithiau. Cerdded dipyn ar hyd y bryniau a hel twmpathau a gwreiddiau a'u cario nhw yn ôl ar ein cefn. Yn y pellter roeddem yn edrych fel criw o greaduriaid gwargrwm yn ymlwybro yn araf tua'r pentref.

Mae ffyrdd da yn fendith bob amser. Mae'n anodd credu faint o fwd sydd ar y ffyrdd yn y dyffryn ar ôl glaw trwm. Mwd du sydd yn glynu yn eich sgidie ac yn ei gwneud hi yn anodd teithio ar hyd y ffyrdd gwledig gan fod olwynion y ceir yn methu troi gan gymaint o fwd. Felly, yn amal iawn mae cyrddau yng nghapeli'r dyffryn yn cael eu gohirio pan mae hi'n dywydd glawog. Yn y dref, wrth gwrs, gan fod y strydoedd wedi eu palmantu nid ydy hyn yn digwydd.

Mae rhai ffermwyr di brofiad yn dueddol o ddyfrio'r llinellau yn lle dyfrio caeau'r ffermydd. Os dowch ar draws llyn ar ganol y ffordd peidiwch â thrio ei groesi, mi all edrych yn ddiniwed ond bydd eich modur yn siŵr o fynd yn sownd yn y canol a wedyn bydd rhaid cerdded trwy ganol y dŵr i ofyn am help caredig rhywun â thractor i'ch cludo allan o'r dŵr. Erbyn hyn mae llawer o'r ffyrdd yma wedi cael eu gorchuddio gan raean sydd yn cael ei gario o'r bryniau ond, os ydych yn mynd ar ffordd o dir du, byddwch yn wyliadwrus iawn.

Erbyn hyn mae'n llawer haws teithio o un man i'r llall â'r ffyrdd wedi eu palmantu. Nid felly roedd hi yn yr amser gynt. Roedd y ffyrdd mawr yn cael eu galw yn *picadas* ac roeddent wedi eu gorchuddio gan raean bras. Wrth gwrs, roedd hyn yn gwastio'r teiars yn fuan iawn ac roeddem yn teithio i sŵn y cerrig yn tasgu ar waelod y car. Pan ddechreuais yrru modur roedd yn boen clywed y sŵn yma a theimlwn fod crombil y modur yn cael ei guro yn ddidrugaredd.

Amser yr ail ryfel byd roedd hi yn amhosibl cael teiars newydd ac roedd pawb yn gorfod ymdopi efo'r rhai hen oedd wedi mynd yn denau dros ben. Cofiaf rywun yn adrodd am y Parch. E. R. Williams yn mynd ar daith o Fethesda i Drelew a chael un deg pedwar o bynctiyrs yn ystod y trip!

Peth arall sydd yn digwydd yn amal ar y ffyrdd caregog ydy bod carreg yn tasgu pan mae modur arall yn mynd heibio a 'plaff', dyma eich *windscreen* wedi malu yn deilchion. Digwyddai hyn yn amal iawn wrth i rai gyrwyr difater eich pasio heb arafu ac roeddem yn reddfol yn pwyso ein llaw yn erbyn y gwydr i osgoi'r ddamwain hon, ond nid oedd hyn yn gweithio bob amser.

Pan rydych yn darllen hen Drafodau mae'n ddiddorol gweld bod hysbysebu cyngherddau neu gyrddau cystadleuol yn yr ardaloedd gwledig yn cynnwys y wybodaeth eu bod yn cael eu cynnal ar noson olau leuad. Wrth gwrs, nid oedd trydan yn cyrraedd y ffermydd yr amser honno a dim ond tan ddeuddeg y nos roedd golau yn y pentref. Felly roedd yn bwysig iawn dewis noson olau leuad.

Roedd y wlad yn ddu fel y fagddu yn y nos. Roedd fy nhad yn arfer dweud ei bod hi yn haws yn y nos ddod o hyd i gartref ffrindie yn y ffermydd gan ddilyn ogle cig moch yn cael ei ffrio na gweld golau'r tŷ.

Mae'n syndod fel yr ydym wedi dod i ddibynnu ar drydan. Mae popeth bron yn dibynnu arno yn awr a phan ddaw storm sydyn o fellt a tharanau mae'r system yn mynd ar stop a dyna lle mae pawb yn gwaredu. Dim ond ddoe, gyda'r nos, daeth storm o fellt ac roedd hanner Trelew yn dywyll. Erbyn cyrraedd y Gaiman, nid oedd yno lygedyn o olau. Pawb yn biwis ac yn cwyno bod y cwmni golau ddim yn gwneud ei waith. Beth oedd wedi digwydd? Mellten wedi taro un o'r polion sydd yn cario'r trydan i'r dref a bu y gweithwyr wrthi hi yn ddygn am oriau cyn gallu cysylltu popeth yn ôl. Meddyliwch am y bwtsiwr, y rhai sydd yn gwerthu hufen iâ, y tai te a'u cypyrddau yn llawn teisennod hufen, ac yn y blaen, yn poeni eu henaid am eu *goods*. Ac roeddwn i yn bersonol eisiau anfon neges bwysig ar y we. Dim yn tycio. Rhaid oedd swpera wrth olau cannwyll a bod yn amyneddgar!

Ond wrth gerdded allan drwy'r drws a chodi ein golygon i'r ffurfafen roedd sêr dirifedi yn wincio arnom yn llon. Yn ddiau, mae'r elfennau yn dal i reoli ein bywyd er yr holl gyfleusterau modern gan dystio, er ein holl falchder, nad dyn sy'n rheoli ein byd.

Dygymod âr elfennau yn y Wladfa
Gweneira Davies de González de Quevedo

Dechrau Ionawr 2005. Mae blwyddyn arall wedi dod i ben a dyma ni gyda'r haf yn cerdded ymlaen yn y Wladfa. Mae digon o haul poeth, crasboeth weithiau, fel heddiw – yn rhy gynnes i eistedd i lawr a hel meddyliau at y gystadleuaeth sydd ar ein rhan eleni. Mae digon o ddefnyddiau i'r testun rhyfeddol hwn a ninnau'n cael ein heffeithio yn ymarferol gan y tymhorau i lawr yma yn Ne Amerig. Credaf, erbyn heddiw, wrth wrando a gweld mor dymhestlog mae'r tymhorau yn y byd yn gyfan, bod y Wladfa yn cael ei chyfri ar y gorau.

Y Brenin sydd yn llywodraethu yma yw'r gwynt, does dim dadl am wynt Patagonia – boed hi yn ddydd neu yn nos, mae ef yn chwythu yn gyson.

Mae pob un o'r pedwar tymor yn cadw ei le yn barchus, ond mae'r gaeaf yn ymestyn gormod ambell dro yma yn y de deheuol.

Does dim amheuaeth mai'r hen wladfawyr cyntaf a gyrhaeddodd yn 1865, ynghanol y gaeaf i draeth Porth Madryn, wynebodd yr elfennau gwaethaf yn y wlad ddieithr. Dychmygwn y digalondid wrth iddynt lanio yn mis Gorffennaf a syllu ar y paith diderfyn. Dechrau pyllu i chwilio am ddŵr cymwys at eu defnydd yn y man, ond siom fu yr ymdrech gan fod y dŵr yn tarddu yn hallt.

Roedd angen cychwyn am y de ddwyrain yn nannedd y gwynt oer i chwilio am yr afon oedd ar eu map. Cludwyd y gwragedd a'r plant mewn cwch i ganlyn yr arfordir nes cyrraedd ceg afon Camwy, ond cafodd y cwch ei wthio i mewn i'r môr gan wynt croes y gaeaf gerwin.

Yr oedd Cawr y Syched yn ymosod ar y ddwy ffordd oeddent yn eu ceisio i fynd ymlaen: y môr hallt a sychder y paith. Bu bron yn anobeithiol i gyrraedd yr afon ond llwyddasant yn y diwedd i gwrdd â'r dynion oedd yn hir ddisgwyl ar ei glannau gyda phryder am eu teuluoedd annwyl.

Aeth Awst heibio pryd y buont yn llochesu mewn hen amddiffynfa, gan ymdrechu i sefydlu a chodi bythynnod bach ar gyfer y teuluoedd i'w cysgodi. Yna hwylio'r tir i hau rhywfaint at eu cynhaliaeth, ond siom arall fu darganfod nad oedd y glaw yn amlwg fel yn yr Hen Wlad i ddyfrio'r hadyd.

Yr oedd amser yn myned heibio a'r ymdrechion yn ofer. Mai a Mehefin ydyw'r misoedd addas i hau yn y Wladfa, felly tra roeddynt yn clirio'r twmpathau a'r hesg oedd yn cyfro'r tir, aeth yn rhy hwyr.

Daeth y gwanwyn gyda'r wybren yn glir a'r haul yn tywynnu ond nid oedd fawr o lewyrch ar eu bwyd. Dim cymorth i'w gael o'r tir y tro hwn a bu prinder a newyn yn ymosod arnynt yn greulon nes cwrdd â'r brodorion, oedd yn cyrraedd i'r Dyffryn. Ddaru y rhain eu cynorthwyo gyda chig yr anifeiliaid oeddynt yn eu hela ar y paith a wyau estrys a ddygent oddi yno hefyd.

Bu'r gyfathrach hon yn achubiaeth i fywyd yr hen Gymry gan eu bod mor bell ac unig oddi wrth bob masnach ar y cychwyn.

Nid oeddynt yn medru dygymod â'r elfennau hyd yn hyn, ond yr oedd angen ymgodymu â hwy, gan nad oedd gobaith i droi yn ôl dros y môr. Mae'r holl anawsterau wedi cael eu hadrodd gan lawer o haneswyr, rhai ohonynt yn brofiadol am eu bod wedi gadael tystiolaeth am eu bywyd a'u holl helyntion di-ben-draw i ddygymod â'r elfennau yn y wlad yma, pan oedd eto yn anial.

Er popeth, gwn fy mod wedi clywed am lythyrau ein hynafiaid i'w cyfeillion yng Nghymru, yn adrodd eu hynt, ond yn canu clod i'w rhyddid a chanmol yr haul oedd yn tywynnu arnynt dan awyr las a ddaeth yn gyfarwydd iddynt. Yn aml hefyd, yr oeddynt yn crefu ar berthnasau a chyfeillion ddyfod drosodd i gael gwell iechyd nag yng Nghymru. Amryw ohonynt gafodd adferiad buan oherwydd y gwres a'r awyr sych, iachus.

Wedi cwrdd a threchu'r problemau sylfaenol fel sychder y tir a methiant eu cynhaeaf, cafodd Mrs Aaron Jenkins y syniad o agor ffos fach, 'cwter bach' fel y dywedodd, o'r afon i'r cae sych cyfagos, a dyna fu yr allwedd i lwyddiant y dyfrhau.

Gyda rhaniad y ffermydd i'r sefydlwyr yr oedd y dyffryn yn ymestyn pob ochr i'r afon ac felly yr oedd angen agor camlas o'r dyffryn uchaf hyd at Rawson. Palu yn y gamlas fu gwaith yr holl ffermwyr yn ystod gaeaf 1883, gan ddechrau gyda chaib a rhaw a gwersylla yn griwiau dros rai wythnosau gan adael y gwragedd i siawnsio gyda'u plant ymhell yn eu cartrefi. Erbyn y gaeaf dilynol daeth y twrio yn well gyda 'horsiol' (march-raw) a gynlluniwyd gan y cymydog Thomas Williams. Syllodd yn bwyllog ar batrwm oedd mewn catalog ddaeth o'r Unol Daleithiau, a bu hwn yn beiriant gwerthfawr iawn o hyn ymlaen i balu a chloddio.

Pan ostyngai dŵr yr afon o ddiffyg glaw neu ddoddiad eira yn y mynyddoedd, prin iawn oedd y dyfrhau. Am hyn, roedd yr awdurdodau yn cynilo rhediad y dŵr gan roi toriad ar bob bwlch oedd yn arwain i'r fferm gyda fflodiard i reoli'r dŵr o'r gamlas. Y oeddynt yn siarsio i barchu hawl y cymydog, ac ufuddhau i'r rhybudd.

Er mwyn ymestyn yr amser oedd ar gyfer ei dyddyn, cymerodd rhyw gyfaill yr iet oedd yn ei nodi ac aeth ar ei draed i'r Gaiman gyda'r arwydd ar ei ysgwydd i ofyn iddynt gyfieithu'r gorchymyn i'r Gymraeg gan nad oedd yn deall yr iaith Sbaeneg, ac wedi iddo gyrraedd adref, heb ei gosbi, yr oedd y dŵr wedi llifo i bob cae, wrth ei fodd.

Ni roddasid heibio'r syniad o godi argae i gychwyn, ar fannau cul yr afon, rhwng creigiau a lle roedd sylfaen garegog, gadarn, ond ofer fu'r bwriad. Ysgubwyd mwy nag un i ffwrdd gan nerth y dŵr.

Daeth blynyddoedd tywyll i gwrdd â'r gwladfawyr. Sychder a gorlifiadau pob yn ail yn peri digalondid a llawer ohonynt yn barod i ymfudo i daleithiau eraill.

Arhosodd y rhan fwyaf yma i wynebu'r helyntion ac uno yn glos at ei gilydd gan lwyddo i drefnu eu bywyd yn y dyffryn, codi eu capeli a'u hysgolion a chadw eu traddodiadau yn fyw. Wedi brwydr galed teimlent yn hyderus wrth edrych i'r dyfodol yn llawn gobaith a gwelsant dymhorau lle roedd y gwenith yn euraidd ar y caeau pob yn ail â'r gwair (alfalfa) oedd yn doreithiog ac yn fwyd iddynt hwythau ac i'w hanifeiliaid. Yr oedd hyn i'w weld cyn diwedd y ganrif XIX a bu rhai ohonynt yn ennill gwobrwyon am ansawdd arbennig y gwenith mewn arddangosfa yn Chicago yn 1892 a hefyd yn Paris wedi hynny.

Llawer hanesyn sydd ynglŷn â'r cynaeafu a'r dyrnu yn y Wladfa. Mae rhai yn ddifyr ac eraill yn ddifrifol. Gwelais ddyddlyfr ffermwr yn rhoi manylion am hyn. Nodai mor gytûn oedd y cymdogion i gyd-dynnu yn y gorchwylion hyn ac mewn llawer o amgylchiadau eraill yn eu bywyd beunyddiol fel salwch, prinder bwyd, lladdfa anifeiliaid, gwerthiant, ac yn y blaen.

Difyr oedd ei eiriau sylweddol am y Comet Halley a ymddangosodd yn y flwyddyn 1910 gyda'i chynffon disglair. Yr oedd yn cyfro rhan fawr o'r ffurfafen a pharodd am dros ddau fis. Yr oedd ef yn cyfri bod yr olygfa yn drawiadol ac ymddangosodd yn yr un mis â chanmlwyddiant y Weriniaeth hon, sef Ariannin.

Soniai yn aml yn y llyfryn am rwystrau'r gwynt i godi gwair i wneud tas, neu ar amser dyrnu. Yr oedd yn amhosibl mynd ymlaen os oedd storm o wynt llychlyd gan ei fod yn cario'r ysgubau a chwalu'r gwair i bob cyfeiriad. Gwelent goed cryf yn disgyn a'u brigau yn hedfan uwchben. Yr oedd y merched yn gwisgo bonet a'i chlymu dan eu gên i fynd allan i'r caeau i helpu'r dynion a hefyd i odro'r gwartheg. Yr oedd angen iddynt gau pob drws a ffenestr a phrysur hel y llwch oddi ar bob silff a chornel. Mae hynny'n wir yn fynych hyd heddiw. Os oedd hi'n amser dyrnu a'r gwynt yn benderfynol o chwythu, mi roedd rhaid stopio, ond nid oedd y merched yn cael sbel gan eu bod yn paratoi bwyd ar gyfer y criw am y dyddiau i gyd gan fod llawer ohonynt ymhell o gartref.

Bu llawer o blannu coed cysgodol ar hyd dyffryn y Camwy ac erbyn heddiw nid yw'r gwynt mor blagus, ond . . . mae yma o hyd!

Erbyn y presennol mae argae fawr swyddogol o dan arolygaeth y llywodraeth wedi gweddnewid bywyd y Dyffryn ond mae problemau newydd wedi codi yn lle'r hen rai.

Anodd iawn yw gwrthwynebu natur.

Os yw'r argae fawr wedi atal y llifogydd yn y dyffryn mae'n ffaith bod y ffermwyr ifanc heddiw yn colli eu cynnyrch ar y caeau o'r ddwy ochr i'r afon gan fod lefel y dŵr wedi codi dan wyneb y tir i raddau fel ei fod yn lladd gwreiddiau'r coed a phob planhigyn a ddaw i gyffyrddiad ag ef. Felly maent yn cynllunio yn awr y ffordd i agor rhediad i'r paith cyfagos i'r argae a siawns y bydd y cynllun yn agor dyffryn newydd ar y paith yn y dyfodol.

Wrth sôn am y paith, mae yntau wedi bod yn fradychus ym mywyd y sefydlwyr cyntaf. Heb heolydd i ddim un cyfeiriad yr oedd yr helwyr yn mynd i mewn i'w berfeddion ac yn colli'r ffordd ym aml nes dysgu arwain yn y nos wrth wylio'r sêr, ac yn bennaf, y pedair seren sydd yn ffurfio Croes y De. Yr oedd llawer yn crwydro i chwilio am goed tân ac agorwyd ffyrdd gan y troliau a'r wageni i'w cario yn ddiogel at y gaeaf. Yr oedd y teulu cyfan yn helpu yn y gorchwyl hwn ac yr oedd mynd am dro yn seibiant i ferched a phlant.

Clywais hanesyn o'r amser gynt pan ddaeth y llong Vesta yn 1885, yn cludo dynion a'u teuluoedd ynghyd â'r defnydd at wneud y ffordd haearn o Drelew i Borth Madryn. Yn eu mysg yr oedd gŵr a gwraig, tipyn dros eu hugain oed gyda phlentyn bach ychydig o fisoedd.

Yr oedd addewid am fferm i bob teulu i fyw, ond erbyn hyn yr oedd ugain mlynedd wedi mynd heibio ers y rhaniad cyntaf, a mi roedd y gwladfawyr wedi sefydlu ar y ddwy ochr i'r afon. Felly, gorfod i bobl y Vesta foddloni ar y tiroedd oedd ymhellach, wrth droed y bryniau cyfagos.

Mewn bwthyn bach ar fryn gwnaeth William Owen a Kate eu cartref a alwyd yn nes ymlaen yn Bryn Antur. Yr oedd Kate a Margaret Jane (Magi) fach yno yn trigo, tra roedd y gŵr allan ymhell am wythnosau gyda'i waith.

Yr oedd angen mynd dros y bryniau i gael coed tân o'r paith a chychwynnodd Kate a'i phlentyn yn gynnar ar ddiwrnod braf a cherddodd heibio'r twmpathau, y cwbwl a'u dail mân neu bigog, nes cyrhaeddodd ddraenen dal, gysgodol, ac arni rhoddodd ei ffedog wen ar ei chopa a Magi fach dan ei chysgod i orffwys.

Cerddodd yn hir o gwmpas i hel baich o goed a threfnodd rai eraill erbyn y siwrnai nesaf gan gadw ei sylw ar y ffedog wen. Yn sydyn, a hithau wedi ymbellhau, daeth chwyldro o wynt i'w chwrdd a phenderfynodd droi yn ôl i gychwyn adref, ond ni fedrai leoli'r brat gwyn oedd wedi hedfan yn y gwynt.

Camodd i bob cyfeiriad ond ni fedrodd ddod o hyd i'w baban.

Yn ei ffwdan, cychwynnodd yn ôl am ei chartref ac nid oedd neb wrth law i'w chynorthwyo felly ceisiodd gychwyn eto tua'r un cyfeiriad ag a gymerodd ar y dechrau. Yr oedd yn nosi a'i phryder yn cynyddu, ond o'r diwedd gwelodd eto y ddraenen uchel a chlywodd y plentyn yn crio. Anghofiodd am y baich coed y noson honno ond gwasgodd y fach at ei brest i sugno a chysgodd y ddwy yn hapus wedi oriau tymhestlog ar y paith twyllodrus.

Clywais hefyd am dric arall y gwynt, ym mywyd rhyw bâr ifanc, tua'r flwyddyn 1912. Daeth merch ifanc hoffus yma o Gymru i briodi llanc oedd wedi ei adnabod draw pan oedd ef yn y coleg yn dysgu mynd yn bregethwr. Yr oedd yr addewid am ei phriodi wedi ei sicrhau a daeth hi drosodd yn cario ei ffrog briodas sidanaidd gyda'r esgidiau pwrpasol, a hefyd het wedi ei haddurno gyda phluen ffein o Baris at yr achlysur.

Ar ddiwrnod gwyntog wedi cawod drom o law daeth dydd y dathliad ac wedi'r seremoni aeth y ddau mewn cerbyd a cheffyl i'r wledd. Gorfod iddynt fentro trwy lyn o ddŵr oedd ar y ffordd a dyma chwythiad cryf o wynt yn peri i'r het hofran a disgyn ar y llyn gyda'r bluen yn ei choroni. Mewn eiliad yr oedd y Parchedig wedi torchi ei lodrau a ffwrdd â fo trwy'r dŵr i achub yr het oedd yn nofio ar y lli. Yn sicr, yr oedd ei chariad yn rhoi ei sylw ar yr het ac nid ar ei siwt orau y diwrnod hwnnw!

Tua'r tridegau aethom fel teulu i fyw yn y rhan fwyaf deheuol o'r dalaith, sef Comodoro Rivadavia, ardal yr oel. Yno mae bryniau o dir gwyn sydd yn diweddu ffordd y paith ac yn nesu at y môr. Mae'r tir gwyn sych yn cael ei godi gan y gwynt fel powdwr nes cyfro'r holl le. Mae'r hinsawdd yn arw iawn yno y rhan fwyaf o'r flwyddyn, gyda chorwyntoedd ffyrnig yn gwneud bywyd yn annifyr i fyw er cystal y cyfle i weithio a chynnal bywyd dros gan mil o drigolion.

Bûm yn byw yno yn blentyn ysgol a chofiaf fy chwaer

ieuengaf a minnau yn cychwyn i'r ysgol yn y bore ar ein traed fel arfer, ar ddiwrnod o wynt cryf. Nid oedd math o balmant ar y strydoedd garw, a'r cerrig mân yn codi oddi ar y llawr a tharo fel pigiadau ar ein coesau. Cyn cerdded dwy sgwâr yr oeddem wedi gorfod gafael yn dynn am bost y golau ar y gornel, ond aeth y gwynt â fy chwaer dros yr heol a chollais olwg arni am amser nes i ni lwyddo cwrdd ar fuarth yr ysgol.

Wedi cyrraedd adref ganol dydd yr oedd y gwynt yn destun sgwrs ac ar ôl iddo ostegu rhaid oedd gafael ar aden gŵydd neu *plumero* (tusw o blu estrys wedi eu rhwymo wrth goes o bren) i dynnu'r llwch oddi ar pob dodrefnyn a chornel.

Cofiaf hefyd am y mamau yn cario eu plant lleiaf ar eu cefnau i'w cysgodi. Rhyw ddiwrnod yr oeddem yn canlyn ein gilydd wrth fynd i'r ysgol ac fel y cerddem yn erbyn y gwynt gofynnodd y bach, rhyw bedair oed, i'w fam, pan welai'r dail yn hedfan yn gyflym i'n cwrdd, 'Wyt ti'n meddwl mai rhedeg mae'r dail lle bod y gwynt yn eu dal, Mam?'

Yr oeddem yn cartrefu yn agos i deuluoedd o Gymry aeth o'r dyffryn yn y pedwardegau i chwilio am waith ym maes yr oel. Wrth lethrau mynydd tipyn bach uwch na'r môr yr oedd rhes o dai ac oddi yno yn aml gwelem y môr, yr awyr a'r tir yn un lliw llwyd gwastad oherwydd y llwch.

Anodd iawn oedd tyfu coed yno achos y prinder dŵr a'r gwyntoedd cryfion. Erbyn hyn mae'r palmant a'r *acueducto* wedi gwella bywyd holl drigolion y ddinas a'r cyffiniau.

Yn ffodus yr wyf yn byw eto yn Nyffryn y Camwy ond wedi croesi'r paith ugeiniau o weithiau ac yn gwybod o brofiad am y problemau sydd yn gyfarwydd i'r trigolion sydd yn perthyn iddo. Mae'r sychder yn gorfodi anifeiliaid gwyllt fel y piwma, y llwynog, cathod gwylltion, estrysod ac yn y blaen i agosáu at y tai neu ymlaen i'r dyffryn i chwilio am ddŵr, a mae rhai adar fel yr elyrch yn heidiau wrth ymyl yr afon neu ar lynnoedd o gwmpas.

Roedd criwiau o ddynion yn perthyn i Gyngor y Ffyrdd yn cael bywyd caled wrth weithio i wella'r ffyrdd ar y paith. Roeddynt yn byw mewn pebyll bach a'r bwyd y rhan amlaf oedd asado, sef darn o gig dafad ar ffon o haearn yn crasu uwchben y tân agored, ond erbyn amser cinio yr oedd y llwch wedi ei gyfro a rhaid ei deimlo yn annifyr dan eu dannedd. Mae hyn yn digwydd yn y dyffryn hefyd wrth drefnu asado mewn picnic neu wledd yn yr awyr agored.

A dyna fel mae bywyd yn y Wladfa wedi ein llunio i ddygymod â'r elfennau a holl fyd natur sydd o'n cwmpas. Medrwn fyw yn hapus gan fod popeth angenrheidiol wrth law erbyn heddiw. Mae teulu'r Cymro wedi arfer boddloni ar yr hyn sydd gyda ni ac yn hynod iawn ni fyddwn yn cwyno ar ein byd, ond yn medru mwynau ein bywyd am fod yr ysbryd yn llawen.

Mae'r rhan fwyaf wedi ymhyfrydu yn y pethau bach ac wrth edrych yn ôl gwelwn mai'r ffydd a'u llinach oedd yn eu cadw rhag torri eu calon lawer tro. Mae gan ein cenedl gyfoeth ysbrydol. Ni chawsom ni, Gymry'r Wladfa, erioed fywyd moethus, ond diolch am yr hyn oll yr ydym wedi ei etifeddu.

2007 – Sir y Fflint a'r Cyffiniau

Olrhain hanes un teulu o'i gychwyn yn y Wladfa hyd heddiw
Gweneira Davies de González de Quevedo

Y genhedlaeth **gyntaf**:
Thomas Pennant Dimol – Elizabeth Pritchard

Yr **ail** genhedlaeth:
Arthur Llewelyn Dimol – Elizabeth Ellen Jones

Y **drydydd** genhedlaeth:
Blodwen Camwy – Elizabeth Ann – Lewis Pennant

Y **bedwaredd** genhedlaeth:
Plant Blodwen Camwy:
Arthur
Mercedes

Plant Elizabeth Ann:
Arthur Glyn
Gweneira
Irvonwy
Hanzel

Plant Lewis Pennant
Teifi

Y Genhedlaeth Gyntaf

Bu llawenydd, hiraeth a thristwch yn gymysg ar fwrdd y Mimosa ar ei thaith i'r Wladfa yn 1865. Mae'n digwydd yn naturiol bod aml i stori serch yn lliwio'r daith. Un o'r rheini ydi hanes Thomas Pennant Dimol ac Elizabeth Pritchard.

Twmi Dimol oedd ef yn cael ei alw, oherwydd bod ei gartref ar waelod bryn Moel Dinmol ym Mhennant Melangell – Cymru. Llanc 29 oed, yn ddeallus fel llongwr, gafodd ei gyflogi gyda'i gydweithwyr ar y Mimosa. Hefyd yr oedd geneth ifanc o Fangor yn dod gyda'r teithwyr i gwrdd â Lewis Jones a'i wraig i weithio fel morwyn.

Mae'n amlwg bod y ddau yma wedi llygadu ei gilydd yn sŵn rhamantus y môr a golau disglair y lleuad a'r sêr, oedd yn gwmni hardd i ddeffro teimladau cariadus ar y ffordd.

Ar y 30 o Fawrth 1866 priodwyd hwy yn Rawson gan y Parchedig Abraham Matthews.

Y teulu yn y Wladfa

Wedi mesur a rhannu'r ffermydd, yr oedd y gŵr a'r wraig yma yn ddau o'r rhai cyntaf i sefydlu ar eu tyddyn tuag ardal Moriah ar ffarm 113 a alwyd yn Bod Arthur. Aeth Twmi ati i blannu perllan ac yr oedd yn cael pleser mawr yn y profiad o roddi llysiau, ffrwythau a blodau i dyfu yn y ddaear yn Nyffryn Camwy. Yn 1867 yn Nhre Rawson ganwyd iddynt fab a alwyd yn Arthur Llewelyn.

O gwmpas haf 1866, pan briododd Twmi ac Elizabeth, yr oedd yr ymfudwyr wedi trefnu cyfarfod cystadleuol i ddiddanu'r gynulleidfa a hefyd i gyhoeddi Eisteddfod fach y flwyddyn ganlynol. Bu tri o'r beirdd yn difyrru'r gweddill a bu yno gystadlu. 'Cafwyd anerchiad byrfyfyr, adrodd a chanu hynod o dda', meddai Elvey Mac Donald yn yr hanes a gasglodd yn Llyfrgell Genedlaethol Cymru i'w lyfr *Yr Hirdaith* – 'Cynigid un wobr yn unig, sef llyfr i enillydd y prif anerchiad a dyfarnwyd hwnnw i Twmi

Dimol'. Gwelwn felly bod y llongwr yn ddyn parod hefyd yn yr adran lenyddiaeth.

Yn ôl yr hanes, gwyddom mai pobl oedd yn dod o byllau'r glo neu'r llechfeydd neu'n ymarfer crefftau eraill yn yr Hen Wlad oedd yr ymfudwyr. Erbyn cyrraedd y Wladfa yr oedd angen dynion i drin y tir yn fwy na dim, ond yr oedd cymaint o bethau yn eisiau i gychwyn ar y gorchwyl hwnnw fel nad oedd dim i'w wneud ond ceisio taith i'r brifddinas i gwrdd â'r awdurdodau oedd wedi caniatáu iddynt ddod i'r Wlad.

Roedd galw am long i'w cludo i gario nwyddau at eu cynhaliaeth gan fod y sefyllfa wedi mynd yn dlawd iawn arnynt. Penderfynwyd felly bod y llywydd, William Davies, i geisio bachu'r cyfle cyntaf i gyrraedd Buenos Aires. Buodd yn gofyn am help Prydeinwyr i orffen talu am long oedd y Llywodraeth yn addo iddynt. Prynwyd, felly, y Denby a medrwn ddychmygu'r llawenydd i'r trigolion pan ddaeth y llong fach i geg yr afon. Yn sydyn cododd storm o wynt cryf o'r gogledd – ddwyrain gan drechu'r morwyr a gyrru'r Denby yn erbyn y lan lle chwalodd yn deilchion o flaen eu llygaid. Ychydig gafodd eu hachub o'r llwyth a dyna nhw eto heb gymorth yn y byd.

'Angen ydyw mam pob dyfais' yn sicr, ac aeth Twmi Dimol gyda gwirfoddolwyr eraill i fanteisio ar y pren, yr haearn, y rhaffau a'r polyn oedd ar gael wedi i long arall, flynyddau ynghynt, gael ei dryllio hefyd yn erbyn un o'r creigiau cyfagos. Heb gwyno, daeth llawer o'r dynion i helpu gyda llif gref oeddynt wedi gludo o Gymru a seiri hyddysg i'w defnyddio.

Yr oedd pawb ar y lan y diwrnod buont yn gwthio'r llong newydd i'r dŵr yn yr afon – 'Tynnwch! Tynnwch! Gwthiwch! Hwb eto!', ac o'r diwedd hwre! Dacw'r Denby newydd yn nofio.

Bu paratoi yn fuan i godi'r hwyliau. Dewiswyd y dynion

mwyaf gwybodus, er nad oeddynt yn hyddysg iawn, i forio a chychwynnodd pump ohonynt i Patagones, tref reit boblog ger yr Afon Ddu rhyw 600 Km oddi yma tua'r gogledd. Yn eu mysg yr oedd Twmi Dimol, a'r pwrpas oedd mynd i nôl nwyddau, hadau, moddion a hefyd ych neu ddau i'w defnyddio at wahanol orchwylion.

Cyrhaeddodd y llong draw yn ddiogel a throi yn ôl ymhen amser, ond pan oeddynt ar y ffordd suddodd y Denby a'r oll oedd arni ac ni chafwyd mwy o'i hanes na'r cyrff eu darganfod byth wedyn. Digwyddodd hyn yn mis Chwefror 1868, a dyna nhw, mewn unigrwydd hollol eto.

Gadawodd Twmi Dimol ei wraig yn weddw gyda'i phlentyn Arthur Llewelyn ac yn feichiog. Ganwyd merch mewn ychydig o fisoedd a galwyd hi yn Gwladys ond bu farw yn eneth fach ifanc.

Cyn diwedd y flwyddyn priododd Elizabeth Pritchard gyda Richard Jones Berwyn a ddaethai hefyd yn y fintai gyntaf. Yr oedd yntau yn forwr profiadol ac yn ddyn oedd wedi cael addysg dda er yn ifanc iawn yng Nghymru, ac wedi uno yn benderfynol yn nhrefniadau'r ymfudiad i Batagonia. Yna buodd yn gofrestrydd manwl a gadawodd gofrestriadau yn ysgrifenedig am y deng mlynedd cyntaf, 1865-1875.

Ganwyd i Elizabeth a Richard J. Berwyn dri ar ddeg o blant a magwyd ganddynt y mab a'r ferch o'r briodas gyntaf, Arthur Llewelyn a Gwladys, ac aethant i fyw i dŷ o'r enw Bodarthur.

Yr Ail Genhedlaeth

Hunodd Gwladys yn fach, fel y dywedwyd eisoes, ac aeth Arthur Llewelyn i ganlyn dynion ifanc oedd yn arwain anifeiliaid i orynys Valdes i'r gogledd o Borth Madryn, lle ddaru nhw ddarganfod porfeydd a phyllau o ddŵr i'w porthi, am nad oedd neb bron wedi dechrau codi bwyd i'r anifeiliaid ar y ffermydd. Dalient, hefyd, anifeiliaid gwyllt i ddod â bwyd i deuluoedd oedd yn byw yn Nhre Rawson.

Priododd Arthur Llewelyn gydag Elizabeth Ellen Jones a ddaeth o Gymru i'r Wladfa pan oedd yn ugain oed. Ganwyd hi yn Ffriddgymen, Llanuwchllyn, ac yr oedd yn chwaer i'r emynwr adnabyddus Penllyn Jones a'r bardd Llew Tegid. Yr oeddynt yn saith o fechgyn a hithau yr unig ferch. Plant oeddynt i Lewis ac Elizabeth Jones, Ffriddgymen.

Gyda phwy y daeth hi i'r Wladfa 'does neb yn gwybod ond ymhen rhyw dair blynedd daeth un o'i brodyr, Owen C. Jones, i'r Wladfa a sefydlu ar dro yn y rhan uchaf o'r Dyffryn. Yr oedd Arthur Llewelyn a'i wraig yn byw ger Rawson mewn ffarm a alwyd Perllan Helyg ac yno ganwyd y ddwy ferch hynaf sef Gwladys a Blodwen Camwy, ond bu Gwladys farw pan oedd yn ddwyflwydd a hanner oed. Aeth y tad a'r fam i Orynys Valdes i wersyllu, lle roedd amryw deulu arall wedi casglu hefyd. Dofi ceffylau oedd rhai o'r dynion a'u gwerthu yn y Dyffryn i reidio, arwain trol neu wagen a gweithio'r tir.

Wrth ymyl gwlff San José ar y llaw chwith i'r ynys ganwyd Elizabeth Ann, y trydydd plentyn i deulu Arthur Llewelyn ac Elizabeth Ellen Jones, ar y 4ydd o Chwefror 1895, trwy law rhyw fydwraig a alwent yn Nain Valdes.

Wedi cyrraedd yn ôl i Rawson, ac ymhen tair blynedd, ganwyd mab, sef Lewis Pennant Dimol. Ar ddiwedd y ganrif tua 1899 aeth y tad yn wael a bu farw pan oedd dipyn dros ei ddeg ar hugain oed gan adael gweddw a thri o blant amddifad heb fawr i'w cynnal, ac felly cymerodd Nain Berwyn y teulu bach atynt i Fodarthur. Digwyddodd i'r tri phlentyn, Blodwen Camwy, Elizabeth Ann a Lewis Pennant, gael y frech goch a chan fod cymaint o dlodi o gwmpas, gorfod i'r fam alw am ei brawd Owen C. oedd wedi priodi ond oedd yn ddi-blant. Fe ddaethant i lawr o ardal Ebenezer a gwnaeth y fodryb addewid y buasent yn cymryd Elizabeth (Elisa fach) oedd yn bedair oed, i'w magu ar ôl iddi wella. Dywedodd Nain Berwyn y drefn wrth ei mam am chwalu'r plant a dychrynodd y fach fel nad oedd eisiau gweld rhagor ar ei nain.

Yn 1904 bu farw'r fam o achos y *typhoid* fel llawer arall yr adeg hynny gan nad oedd moddion pwrpasol ar gael. Gwnaeth taid a nain Berwyn le i Blodwen Camwy a Lewis Pennant gartrefu gyda hwy, tra roedd Elisa fach dan ofal ei modryb a'i hewyrth yn ardal Ebenezer ar dop y Dyffryn.

Tyfodd plant Berwyn yn griw hefyd ac aeth y bechgyn hynaf i feddiannu tiroedd allan ar y paith i gadw anifeiliaid ac aeth Lewis Pennant gyda hwy.

Y Drydedd Genhedlaeth
Blodwen Camwy Dimol

Yr oedd hi yn ferch dalentog, fywiog, a pharod, a gwnaeth yn fawr o'r ychydig addysg gan fod taid Berwyn wedi bod yn athro ar blant er yr amser cynnar. Ymddiddorai Camwy mewn darllen llawer ac roedd yn cymryd sylw o bob peth. Yr oedd yn ferch gloff am ei bod wedi cael nam ar ei chlun pan y'i ganwyd. Roedd ei gwallt yn gwneud ffram berffaith i wyneb tlws ac roedd yn gwenu yn siriol.

Cafodd fynd am dro tua'r Andes mewn wagen a dau neu dri cheffyl ym mis Hydref 1914, gydag un o ferched Berwyn oedd yn briod a chanddi eneth fach flwydd oed. Gwnaeth Camwy ddyddlyfr difyr o'r daith hon a barhaodd yn agos i fis. Teithio yn ystod y dydd a gwersylla yn y nos er mwyn iddynt hwy a'r ceffylau ddadflino a chael bwyd. Dalient anifeiliaid neu hel wyau estrys i fwyta ar y ffordd er mwyn ymestyn yr hyn oeddynt wedi ei baratoi ar gychwyn y daith. Rhoddodd ar bapur cymaint a welai wrth syllu yn y nos dan yr awyr agored yn ngolau'r lloer, a Chroes y De yn ymddangos yn glir a disglair yn nistawrwydd y paith. Mae ei sylwadau yn rhamantus tu hwnt a rhoddodd adroddiad manwl o holl anturiaethau'r teithwyr oedd yn eu cwrdd ar y ffordd ar geffyl, mewn cerbyd neu wagen a phawb yn adrodd eu hanes er difyrrwch neu sôn am eu helbulon wrth groesi'r paith.

Yr oedd y llwybrau yn garegog, garw, a'r gwynt yn lluwchio yn aml iawn ond weithiau mi roeddynt yn dilyn cwrs yr afon ac yn medru aros i ymolchi a golchi ambell i ddilledyn. Mae'n disgrifio natur yn ei holl nerth, planhigion, anifeiliaid gwyllt, waliau yr Allorau, machlud yr haul a'r oll oedd dan ei golwg nes cyrraedd mynyddoedd pell yr Andes. Buont yn ymgartrefu yno am beth amser gyda pherthnasau a ffrindiau. Wedi iddynt ddychwelyd gwnaeth Blodwen Camwy gais i weithio yn yr CMC (Cwmni Masnachol y Camwy) oedd yn llwyddo yn dda gyda'r ystordy newydd yn Dolavon, un o'r canghennau oedd yn perthyn i'r gwreiddiol a sefydlwyd gan y gwladfawyr yn y Gaiman. Llwyddodd i weithio yno a chael lletty gyda theulu John Williams, un o sefydlwyr cyntaf y dref honno tua 1918, ac mi gafodd Camwy lawer o gwmni merched y tŷ a difyrrwch pleserus yn eu plith.

Mae dyddlyfr ganddi hefyd o'r blynyddoedd hyn pryd y cafodd y fraint o adnabod Sbaenwr o gyfeiriad Andalucia, oedd yn cario nwyddau i'r Cop (CMC) o Rawson i Ddolavon. Dyn serchus, glân, lluniaidd ac yn medru rhoi ar ddeall i Camwy ei bod yn tynnu ei sylw. Mae hithau yn nodi ar y llyfryn ei bod yn cyfateb yn serchus a thipyn nes ymlaen maent yn llythyru at ei gilydd ac yn cwrdd ar adegau. Daethant i garu ei gilydd a phriodwyd hwynt, gan fynd i gartrefu i Rawson.

Cafodd Camwy ddau o blant, bachgen a merch, ond gorfod i'r fam deithio y ddau dro i'r Ysbyty Brydeinig yn Buenos Aires i'w derbyn, oherwydd y nam oedd ar ei chlun.

Buodd yn hapus iawn gyda'i phriod a chododd y plant oeddynt yn dangos eu bod yn fedrus i ddysgu ar yr aelwyd, yn yr ysgol, a'r capel. Ddaru eu rhieni eu hyfforddi cymaint ag oedd bosibl. Yr oedd Camwy yn wraig dalentog fel y dangosodd mewn llawer cystadleuaeth mewn cyrddau Llenyddol ac Eisteddfod. Yr oedd yn hyddysg mewn llên.

Yn anffodus iawn ar ddydd Nadolig 1940 pan oedd y mab yn bymtheg oed a'r ferch yn dair ar ddeg, aethant gyda'u tad i ymdrochi yn yr afon gerllaw, fel roedd arferiad gan lawer oedd allan o gyrraedd glan y môr. Yr oedd yn ddiwrnod crasboeth o haf a safodd y fam i orffwys am y prynhawn. Tra'r tad yn paratoi i fynd i'r dŵr roedd y plant wedi cael y blaen arno a rhedeg i mewn yn barod ond digwyddodd i Mercedes gyffwrdd ag un o'r pyllau dirgel ar y gwaelod a llyncodd hi mewn eiliad a'i brawd gyda hi pan geisiodd afael yn ei llaw i'w thynnu yn ôl. Erbyn i'r tad sylwi yn y munud yr oeddynt wedi diflannu ac ofer fu'r chwilio hyd y dŵr. Gofynnwyd am help cychod pwrpasol i ddod o hyd iddynt.

Bu hyn yn ergyd llethol i'r teulu bach a bu yn ormod i Blodwen Camwy. Aeth ei hysbryd i lawr nes hunodd mewn gofid ymhen blwyddyn a dau fis ac o fewn diwrnod i ddathlu ei hanner cant oed yn Chwefror 1942.

Mae'n rhyfedd meddwl am yr afon yr oedd hen daid y plant wedi cerdded milltiroedd o ffordd i'w chroesi gyda'i gyd wladfawyr yn 1865 i chwilio am ei dŵr i'w hachub, a'r llawenydd mawr wrth ei darganfod ynghanol y paith a 75 o flynyddoedd yn hwyrach yr un afon yn rhoi terfyn ar fywyd ei orwyrion ieuanc. Dyma'r penillion adawodd y Br Evan Thomas er cof am eu mam ymhen blwyddyn ar ôl ei chladdu yn mynwent Rawson.

Er Cof
Am y ddiweddar Mrs Camwy Dimol de Infante, Rawson
a fu farw Chwefror 19, 1942, o hiraeth ar ôl ei phlant.

Fe lithrodd blwyddyn gyfan
Yn esmwyth dros ei bedd,
A hithau'n huno'n dawel
Yno mewn perffaith hedd.
Atgofion prudd amdani
Ddaw'n ôl ar donnau'r gwynt,
Dychmygaf heddiw ei gweled
Fel yn yr amser gynt.

Cadd fywyd llawn helbulon
Ond gwrol ydoedd hi,
A gwelai ymyl olau
I bob rhyw gwmwl du.
Bu iddi ddau anwylyd
A lonna'i bywyd prudd,
A'u gweled hwy'n datblygu
Oedd mwyniant penna'i dydd.

Fe'u cofiaf hwy yn chwarae
Heb bryder yn eu bron,
A gwenai ar eu haelwyd
Ambell i orig lon.
Roedd Arthur a Mercedes
Yn llawn addewid wiw,
A dysgwyd hwy yn fore
Y barchu dyn a Duw.

Daeth angau heibio'n sydyn
Ar ddydd Nadolig llon,
Ac aeth y ddau yn aberth –

> Aberth i frad y don;
> Yn nyfroedd llwyd y Gamwy
> I fron y fam caed loes,
> Wrth golli ei hanwyliaid
> Ysigwyd gwreiddia'i hoes.
>
> O! dristed yr olygfa
> Welwyd ar lan eu bedd,
> Y dyrfa'n wir ofidus
> A dagrau'n lleithio'i gwedd.
> Y tad a'r fam drallodus
> Gan syllu i'r beddrod du
> A alwent eu rhai annwyl
> Yn ôl i'r aelwyd gu.
>
> EVAN THOMAS

Elizabeth Ann

Yn bedair oed yr oedd dan ofal ei modryb a'i hewyrth Owen C. Jones, ac wedi colli ei rhieni ni bu'n cysylltu rhagor gyda'i chwaer a'i brawd. Dywedai ei bod wedi cael ei dysgu yn dda gan ei hewyrth a'i modryb ond nid oedd gan yr ewyrth fawr o syniad am gadw teulu na magu plant. Cafodd fynd i ysgol Maesteg yn agos i'r ardal hyd y drydedd flwyddyn, dan athrawiaeth William H. Hughes (Glan Caeron) oedd yn athro rhagorol ar blant o bob oed. Roedd wedi paratoi ei hun yn yr iaith Sbaeneg ac yn cyfieithu'r gwersi i baratoi'r plant at eu dyfodol yn Ariannin. Cofiaf weld llawer o ysgrifau Elisa heb bron wallau yn Gymraeg nac yn Sbaeneg.

Rhentu ffarm oedd yr ewyrth ac yn cadw popeth yn gynnil ac yn daclus. Dewisai dir da i hau gwenith ond nid oedd gwrych na ffens i gadw'r anifeiliaid tu mewn i'r un ffarm. Yr oedd bugeilio dan ofal y plant, y rhan fwyaf ar geffylau, yn cadw pob anifail draw rhag iddynt fynd i gaeau'r cymdogion. Felly yr oedd Elisa allan o oriau'r ysgol, yn gwisgo ei bonet am ei phen ac yn ei llaw y daflen at yr ysgol a'r adnodau erbyn y Sul, yn reidio yn ôl ac ymlaen i ddysgu ar y cof ynghyd â gofalu am yr anifeiliaid. Dywedai ei bod ambell dro yn cwrdd â'r plant eraill oedd yn yr un gorchwyl, ac yn dechrau chwarae gan golli golwg ar y gwartheg oedd yn mynd i'r cae. Yr oedd yr ewyrth yn cadw helynt pan ganfyddai'r esgeulustod.

Yr oedd Owen C. Jones yn gwneud arian da gyda'i gynhaeaf, ac wedi iddo gael cynnyrch a'i werthu i'r Cop, cychwynnai ar daith i adnabod gwledydd tramor. Aeth unwaith am Awstralia, hefyd i Ganada, ond adre oedd Antie ac Elisa fach, gyda llyfryn bach oedd yn cadw'r cyfrif o'r hyn yr oeddynt wedi ei wario yn ystod ei absenoldeb. Roedd rhaid rhoi eglurhad os oedd mwy o ddefnydd neu esgidiau wedi eu prynu yn y Cop oedd yn rhoi nwyddau am y flwyddyn.

Yr oedd yn ddyn amlwg mewn arwain cyrddau neu ym myd llenyddiaeth ond hefyd yr oedd yn cael llawer o wybodaeth wrth grwydro'r byd. Unwaith cariodd yn ôl ryw hadau mân a heuodd fel planhigyn at borthi anifeiliaid ond erbyn heddiw mae'n bla yn y Dyffryn ac nid yw'r anifail yn ei gyffwrdd. Blodyn Owen C. gafodd ei alw ond erbyn hyn mae'r Sbaenwyr yn ei ynganu'n Wansi ac nid oes dichon ei wared. Mae'r gwynt yn cario'r hadau ac mae ei wreiddiau yn rhedeg yn hir ac yn ddwfn. Dywedodd Owen C. ryw dro nad âi ei enw byth yn angof yn y Dyffryn tra bo'r planhigyn hwn yn tyfu. Ond fel melltith mae pawb yn cyfri'r blodyn hwn sydd bellach ym mhob man.

Yn ôl naturiaethwyr o Gymru sydd wedi chwilio i mewn am fwy o wybodaeth, mae'r planhigyn yn wreiddiol o ganolbarth Asia ond ei fod wedi lledaenu ar hyd y byd erbyn hyn a chredir yng 'nghadernid y ddamcaniaeth mai'r porthladdoedd yw'r drws i mewn i'r planhigyn hwn ar hyd y byd.' Felly darllenais mewn eglurhad sydd yng nghylchgrawn y naturiaethwyr. Ond, Owen C. sydd yn cael y bai yma, beth bynnag.

Pan oedd Elisa tuag ugain oed rhentodd yr ewyrth ffarm tuag ardal Bryn Crwn ac mewn byr amser wedi'r cynhaeaf aeth i ffwrdd eto i grwydro ac ar y diwedd dychwelodd i Gymru lle y bu hyd ddiwedd ei oes. Mae ei weddillion yn gorffwys ym mynwent Llanuwchllyn er 1945 pan oedd yn wyth a phedwar ugain oed. Mae'r beddargraff yn dweud y geiriau adnabyddus

'Wedi teithio mynyddoedd, llechweddi a chymoedd,
Does unman yn debyg i gartref'.

Ym Mryn Crwn cwrddodd Elisa Dimol gyda bachgen smala o'r ardal, dyn tal, lluniaidd, oedd yn llawn hiwmor bob amser. Gweithiai ar ffarm ac roedd yn selog mewn Ysgol Sul, cyrddau pregethu ac ymarferion canu mewn côr. Ei enw oedd David John ac roedd yn un o blant Isaac N. Davies a Cathrine Ellen Roberts. Yr oedd y pâr yma wedi ymfudo o Gymru i Ogledd America ac yno ganwyd dau o blant, sef Kate ac Evan. Tua 1884 cyrhaeddodd y teulu i'r Wladfa ac yma ganwyd Ellen Jane a David John.

Sefydlodd y teulu ar y ffarm yn Bryn Crwn a'r ddau fachgen yn gweithio'r tir gyda'r tad ond yr oeddynt yn manteisio hefyd i fynd allan i'r paith gyda wageni a cheffylau neu fulod i gario gwlân a chrwyn i gyrraedd y trên yn Nhrelew oedd yn cludo'r llwyth at Borth Madryn. Yr oedd llawer o'r minteioedd yma dan reolaeth perchennog arbennig yn cario gwlân o'r mynyddoedd i lawr i'r Dyffryn.

Cadwodd y tad ddyddlyfr hanes eu bywyd yn y wlad ac ynddo yr oedd yn rhoi'r dyddiad yr oedd y bechgyn yn gadael y cartref a'r fam druan gyda baich o ofid wrth feddwl amdanynt yn gorfod wynebu unigrwydd a pheryglon ym mherfeddion y paith a hynny am 25 neu 30 o ddyddiau. Weithiau yr oeddynt yn oedi ar y ffordd i hel dipyn o goed tân i'r aelwyd. Yr oedd yr hogiau wrth eu bodd yn cwrdd â chriwiau o rai ifanc, fel hwythau yn cael *asado* a gwersylla allan yn yr awyr agored, ond yr oedd yr hen bobl yn meddwl y gwaetha yn aml er bod y trip yn dod ag arian bach da i'w poced.

Ddaru David John ag Elisa briodi yn 1920 ac aethant i fyw i Bryn Crwn lle cawsant dri o blant i ddechrau a mab arall pan oeddynt wedi symud i lawr i weithio i Comodoro Rivadavia tua'r tridegau.

Ym Mryn Crwn yr oeddynt yn cyfrannu yn hael i'r gymdeithas yn yr ardal ac yr oedd Elisa yn nghwmni Myfanwy Morgan yn selog yn y Band of Hope yn dysgu rhyw 80 o blant o bob oed i ganu ac adrodd a'u paratoi at y Gymanfa Ysgolion, Cyrddau Llenyddol ac ati. Yr oedd hi a'r gŵr bob amser yng nghôr Bryn Crwn ac nid oeddynt yn colli Ysgol Gân, er bod rhaid cario'r tri phlentyn gyda hwy mewn cerbyd a cheffyl, haf neu aeaf dan olau'r sêr a'r lleuad.

Oherwydd iechyd David John ac er rhoi addysg mwy i'r plant aethant i fyw i'r dref yn Nolavon ac wedyn i Drelew, ond pan ddaeth *crisis* economaidd yn y Wlad tua 1930 ymfudodd rhai teuluoedd i ddinas yr oel lle roedd cyfle i gael swydd i'r fam a'r tad i gadw lle bwyd i'r holl weithwyr oedd yn cyrchu yno o bob cwr o'r byd yn enwedig ar ôl y Rhyfel yn Ewrop.

Yr oeddynt yn benderfynol o roi addysg i'r plant mor bell ag oedd bosibl gan na chawsant hwy'r cyfle i gael mwy na'r ysgol gynradd a hynny ddim yn gyflawn y rhan amlaf. Ni fyddai'n hawdd iddynt ffarwelio â'r ffrindiau mewn cymdeithas Gymreig mor glos oedd wedi ei ffurfio yn yr ardal. Byddent yn colli'r diwylliant a'r traddodiadau oedd yn perthyn i bawb yn Nyffryn y Camwy.

Llwyddodd David John ac Elisa i weithio mewn lle bwyd pwrpasol i'r gweithwyr, ac ar yr un pryd ffurfio cymdeithas fach Gymreig i gwrdd ac i ganu ar adegau. Dechreuodd David John arwain côr gyda Delyth Llwyd, oedd yn briod ac yn byw yno, fel cyfeilyddes. Buont yn dathlu Gŵyl y Glaniad bob blwyddyn a chynnal cyrddau bach eraill lle ffurfiwyd pwyllgor i gychwyn Cymdeithas Dewi Sant, Cymdeithas sydd wedi bodoli hyd yn hyn ac sy'n dal i dyfu.

Y Bedwaredd Genhedlaeth

Beth ddaeth o Arthur Glyn, Gweneira, Irvonwy (Nanny) a Hanzel, plant Elizabeth Ann (Elisa) a David John?

Yr oedd Arthur Glyn wedi dechrau gweithio yn ifanc iawn mewn swydd yn perthyn i'r Llywodraeth, ac aeth ymlaen nes cyrraedd swydd uchel. Buodd yn gweithio yn Nhalaith Santa Cruz a phriododd gyda deintydd o'r un dalaith a sefydlu yn Buenos Aires. Cawsant ddau o blant ond bu'r tad farw cyn cyrraedd ei hanner cant oed. Mae'r plant, mab a merch, yn briod yn awr ac yn dal i fyw yn y Brifddinas.

Mae'r ddwy ferch i Elisa, Gweneira ac Irvonwy, yn athrawesau, y ddwy hefyd wedi cyrraedd at fod yn brif athrawesau. Mae Irvonwy yn byw yn Comodoro Rivadavia, lle priododd gyda mab o Sbaenwr a chawsant ddau o fechgyn ond pan oedd yn saith oed cafodd yr hynaf ddamwain erchyll wrth fynd i'r ysgol yn llaw ei fam. Aeth lori ar eu traws gan na welodd y gyrrwr y ddau oedd yn dechrau croesi'r heol oherwydd ei fod yn fodur uchel iawn. Trawodd y plentyn yr erbyn y palmant a bu farw mewn ychydig funudau. Aeth dros ei fam oedd wedi llusgo ei hunan tu ôl i'w phlentyn, ond wedi gorffwys am bron i ddau fis daeth ati ei hunan yn iawn a chododd ei hysbryd yn fuan i ganlyn ei bywyd fel athrawes a magu'r ail blentyn sydd heddiw bron yn ddeugain oed. Mae hi'n hoff iawn o ysgrifennu a barddoni yn Sbaeneg ac yn mwynhau popeth yn ymwneud â'r theatr. Mae hi hefyd yn arwain côr o bobl mewn oed. Mae'n siarad Cymraeg ac yn helpu i roi gwersi Cymraeg.

Bu Gweneira yn athrawes gan ei bod wedi ennill grant gan y Cyngor Addysg i gael ei hyfforddi am bedair blynedd yn Nhalaith Rio Negro. Cafodd ei phenodi i gychwyn mewn ysgol ar y paith ymhell o'i chartref, lle buodd am bum mlynedd. Mae ei hanes yn ddiddorol gan ei bod wedi cael profiadau gwerthfawr mewn gwahanol ysgolion cynradd – yn gyntaf mewn ysgol ar y paith yn agos i'r mynyddoedd ac yn nes ymlaen gyda phlant y ddinas oedd yn nes i Ddyffryn Camwy. Mae hi wedi ymddeol ers llawer blwyddyn bellach ac mae'n briod gyda dau o blant.

Bu farw ei gŵr, oedd yn fab i Sbaenwyr ac oedd yn gweithio ar Gyngor y Ffyrdd, ers bron i ddwy flynedd. Buont yn dathlu bywyd priodasol hir ac roeddynt wedi llwyddo i roi addysg uchel i'r plant.

Mae Gweneira wedi cyfrannu yn hael i gadw diwylliant a chrefydd. Bu yn arwain Eisteddfodau ac yn cystadlu yn yr adran lenyddiaeth yn y ddwy iaith, Cymraeg a Sbaeneg, ac yn cefnogi'r dosbarthiadau Gymraeg sydd yn rhoi cyfle i blant ifanc ddysgu'r iaith gyda chymorth athrawon o Gymru.

Hanzel ydyw'r ieuengaf o bedwar plentyn Elizabeth Ann a David John Davies. Ganwyd ef yn Comodoro Rivadavia a chafodd yntau fynd ymlaen fel athro ond yna penderfynodd fynd ymhellach i weithio fel athro pobl anllythrennog, neu rai oedd ddim wedi gorffen yr ysgol gynradd, rhywbeth oedd yn angenrheidiol i gael unrhyw swydd gan y Llywodraeth.

Ysgol nos oedd hon a thrwy hynny medrodd Hanzel hyfforddi i fynd yn feddyg. Treuliodd ei fywyd yn y

Brifddinas, Buenos Aires, o'r pum degau hyd yr wythdegau.

Priododd yn y cyfnod hwnnw ond collodd ei wraig ymhen ychydig ac ni chawsant blant. Wedi iddo hyfforddi fel meddyg aeth ymlaen i arbenigo mewn *homeopatía*. Buodd yn gweithio am ugain mlynedd yn Nhrelew yn ddiweddarach a chafodd sylw arbennig am ei fod yn rhoi ei holl egni yn ei waith. Mae eto ym Muenos Aires lle prynodd dŷ a meddygfa i fynd ymlaen a'i alwedigaeth feddygol mewn lle canolog.

Mae Hanzel yn hoff o lenyddiaeth ac yn siarad ac ysgrifennu Cymraeg ac yn medru pedair neu bump o ieithoedd. Diddordeb arall ganddo sydd yn llawn cymaint â'i ddiddordeb mewn meddyginiaeth ydyw codi llysiau yn y ffurf mwyaf naturiol. Mae'n gweithio darn o dir bach allan o'r ddinas bob penwythnos i godi llysiau at eu bwyta a hefyd lysiau meddyginiaethol. Mae'r hobi yma yn rhoi cyfle iddo ymlacio.

Lewis Pennant Dimol
Rwyf yn ymddiheuro na fedraf sôn beth fu hanes Lewis. Cafodd ei fagu hyd yn ifanc gan deulu Berwyn, ac yna aeth i ganlyn bachgen neu ddau o'r un teulu, oedd wedi meddiannu tiroedd ar y paith, i gadw anifeiliaid.

Ni chafodd ei ddwy chwaer ei weld byth mwy ond daeth y newydd rywbryd ei fod wedi priodi Indianes o'r enw Luisa Pichiñán.

Buodd ganddynt un mab o'r enw Teifi a phan briododd Teifi bu iddo saith o fechgyn yn cario'r cyfenw Dimol ond y cwbwl yn ddi-Gymraeg wrth gwrs. Mae un ohonynt yn gweithio mewn Banc yn Rawson ac mae wedi cyhoeddi dau lyfr yn cynnwys ei farddoniaeth yn yr iaith Sbaeneg. Julio Cesar yw ei enw.

Gwelwn felly y bydd y cyfenw Dimol yn parhau yn hir,

diolch i ddisgynyddion Lewis Pennant, ond diflannodd ei hanes ef fel un o'r cymylau sydd yn cael eu gwasgaru gan wynt y paith.

I orffen mentraf ddweud bod y dylanwad Cymreig yn treiddio i bob man, ac erbyn hyn, wedi i dros gant a deugain mlynedd fynd heibio, bu cyfraniad y teulu hwn yn sicr o fod wedi gwireddu breuddwyd yr hen dadau ddaeth i'r wlad newydd i gadw'r iaith a'u diwylliant.

Mae'r plant yn briod â rhywun o genedl arall ond mae'r nodd a darddodd trwy wreiddiau Dimol a'i briod wedi parhau i egino a rhoi ei ffrwyth yn hael. Mae amryw o'r disgynyddion erbyn heddiw yn siarad Cymraeg, yn medru sgwrsio a chymdeithasu yn wastad. Gwn eu bod yn cymryd rhan yn yr Eisteddfod bob blwyddyn, yn adrodd, ysgrifennu, cyfieithu, barddoni ac mewn gweithiau celf, ac yn gwasanaethu mewn radio a theledu pan fydd galw.

Mae rhai ohonynt yn manteisio yn awr ar y gwersi sydd yn y dosbarthiadau Cymraeg dan ofal athrawesau o Gymru sydd wedi rhoi hwb rhagorol i'r iaith yn ddiweddar a chreu diddordeb mewn llawer o bobl ifanc.

Am hyn credaf fod pob breuddwyd yn cael ei sylweddoli yn hwyr neu'n hwyrach, a bod rhywun neu rywrai yn cymryd yr awenau i'w gadarnhau.

Wedi dilyn bywyd y teulu sylweddolaf nad yw yn gyflawn o bell ffordd ond dibynnu a wnes ar yr hyn a ddarllenais ac a glywais yn gynt gan rai o'r teulu ac a ddeuent ar fy ngof gan fy mod innau wedi treulio'r rhan fwyaf o'm hoes yn mwynhau fy hunan yn hel hanes.

2008 – Caerdydd a'r Cylch

Teithio yn y Wladfa
Gweneira Davies de González de Quevedo

Buan iawn y bydd y Wladfa yn dathlu 143 o flynyddoedd er pan roddodd y Cymry eu traed ar dywod Porth Madryn. Wrth godi eu golygon, dim ond diffeithwch oedd o'u blaenau. Ychydig yr ydym yn sylweddoli beth oedd cychwyn yng nghanol y gaeaf heb ffyrdd, trwy'r drysni a'r drain, i chwilio am yr afon oedd ar y map. Mae hyn yn gwneud i mi feddwl am eiriau bardd adnabyddus yn Sbaen sydd yn cael eu canu gan Joan Manuel Serrat o Catalugna: 'Deithiwr, nid oes ffyrdd; ti dy hun sydd yn agor y ffordd, wrth ei cherdded'. Ac felly y bu. Cefnu ar y môr oedd rhyngddynt a'u hen gartref gyda chwmpawd yn eu llaw i droedio deugain milltir. Roedd ceffyl ar gyfer bob criw i gario'r hyn yr oedd ei angen i wynebu'r paith, tir a deimlodd cyn hynny fywyd gwyllt yr anifeiliaid ac ambell lwyth o'r Indiaid Tehuelche oedd yn crwydro yma ac acw ar eu ceffylau yn yr haf.

Mae llawer o newid ar deithio wedi digwydd wedi hyn fel yng ngweddill y byd. Wedi cychwyn y sefydliad, yr unig ffordd i deithio oedd yn y dull cyntefig sef ar ddwy droed neu ar geffyl, ond nid oedd y rhai ddaeth gyda Lewis Jones ac Edwin Roberts o Batagones yn ddof iawn i'w marchogaeth. Yn nes ymlaen bu'r ceffyl yn angenrheidiol i'w ddefnyddio at bob gorchwyl yn enwedig i gario pobl ar ei gefn.

Y drol gyntaf
Hugh Hughes, Cadfan Gwynedd, aeth ati i lunio'r drol gyntaf, gyda phlanciau o goed helyg oedd yn tyfu yn naturiol ar lan yr afon. Hefyd mi ddaru iddynt gario i'r lan o'r môr ddarnau o goed oedd yn perthyn i long oedd wedi dryllio cyn iddynt hwy gyrraedd Rawson.

Yr oedd hon yn cario llwyth o gasgenni a bu cylchau'r top a'r gwaelod yn addas i wneud byrddau a hefyd y ddwy olwyn i'r drol. Galwyd y lle yn ddaearyddol yn 'Pant y Byrddau'. Bu'r drol yn llesol am flynyddoedd i gario pobl a nwyddau, coed tân ac ambell beiriant i agor y tir. Mae ei llun i'w weld y tu ôl i griw o'r hen wladfawyr 25 o flynyddoedd wedi iddynt gyrraedd, ac mae'n sefyll yn awr mewn amgueddfa hanes yn Rawson.

Cerbyd a cheffyl
Cafwyd cerbyd bach o Batagones i Richard Jones Berwyn fedru mynd i Borth Madryn yn lle siwrnai hir ar geffyl oedd yn gorfodi iddo gysgu allan noson neu ddwy a bwyta tipyn o fara caled ar y ffordd, i gwrdd â'r llongau oedd yn gadael llythyrau a phapurau i'r Wladfa fach.

Tua 1890 cyrhaeddodd y cerbydau cyntaf gyda tho a phedair olwyn. Roedd un ohonynt gan y Parchedig Abraham Matthews i gyrraedd Capel Moriah. Yn nes ymlaen daeth *sulkys* a phatrymau eraill, sef gyda dwy sêt i bedwar eistedd gefn wrth gefn a cherbydau mawr gyda phedwar drws i gario tua wyth o bobl.

Croesi'r afon
Yn ystod y blynyddoedd cyntaf, nid oedd pontydd i

groesi'r afon a cheid sefydlwyr yn eu ffermydd ar y ddwy ochr. I groesi'r afon yr oedd angen cwch ac felly, wedi dod at y lan roedd rhaid galw amdano. Os oedd y gwynt yn rhwystro'r llais roeddynt yn chwifio cadach gwyn a disgwyl am y cychwr. Wedi gwneud neges neu ddychwel o'r Capel neu'r ysgol roedd y siwrnai i groesi eto adref. Cafwyd wagen i gario plant i'r ysgol wedi iddynt groesi gan fod y capeli a'r ysgol ar yr ochr ogleddol i'r afon.

Tua 1889 codwyd pont tua Thre Rawson i groesi'r afon gan y saer a'r bardd enwog Gruffydd Griffiths (Gutyn Ebrill) oedd wedi cyrraedd y Wladfa gyda'i deulu. Nid hon yn unig a wnaethpwyd ganddo ond, yn anffodus, ymhen deng mlynedd daeth llif mawr 1899 ac ysgubodd dwy ohonynt i ffwrdd. Bu Rawson ryw ugain mlynedd cyn cael pont gref o haearn gan y Llywodraeth a chafodd y llall, Pont yr Hendre, ei chodi gan beiriannydd oedd yn perthyn i Gwmni'r Rheilffordd. Ond erys cof da am Gutyn Ebrill, am ei holl waith fel 'saer geiriau a phontydd'.

Y Rheilffordd

Tua 1887 gorffennwyd y ffordd haearn wrth i'r ddau ben iddi gyfarfod. Roedd un pen, oedd yn rhan o waith y dynion priod, yn cychwyn o Drelew a'r llall, oedd yn llaw y bechgyn di-briod, yn cychwyn o Borth Madryn. Y rheswm am hynny oedd bod pentref bach wedi ei godi yn Nhrelew lle gwarchodwyd rhai defnyddiau at y rheilffordd a lle rhoddwyd cartref i ambell deulu oedd heb gael meddiant ar dir ffarm eto. Gorfu i ambell ben teulu gerdded ymhell i gyflawni ei waith ac mae llawer hanesyn am y gwragedd ifanc oedd yn cael eu siawnsio gyda'u plant mân am dros wythnos tra bod y gwŷr gyda'u gwaith ar y ffordd hir. O ganlyniad, dechreuodd Trelew gael ei phoblogi a bu'r trên yn rhan bwysig iawn i'r Wladfa symud ymlaen. Cariai'r peli gwair, y gwlân o'r paith, sacheidiau o hadau gwenith ac alffalffa i'w allforio gyda'r llongau oedd yn mynd heibio Porth Madryn. Yno y cafwyd y pier cyntaf wnaethpwyd gan Gutyn Ebrill fel y rhan fwyaf o'r gwaith saer ar y stesions.

Hefyd bu'r rheilffordd yn gymorth hawdd i bobl deithio, er ei fod braidd yn araf ond yn gyfforddus ac yn torri ar unigrwydd y paith eang oedd o gwmpas. Bob yn dipyn, ymestynnodd y rheilffordd nes cyrraedd y Gaiman, Dolavon a Dôl y Plu ac yr oedd yn hwylus iawn i deithio i bawb. Cafwyd llawer o amser hapus pan oedd yn cyrraedd glan y môr yn Playa Unión tua 6 km o Rawson. Erbyn heddiw nid yw chwiban y trên yn torri ar ddistawrwydd y paith gan fod Llywodraeth Ariannin wedi codi llawer o'r rheilffyrdd i roi lle i loriau i gario nwyddau ar draws y wlad bron yn gyfan. Eto yn ddiweddar iawn maent yn sôn ei bod yn werth ei chael eto o Buenos Aires i Drelew. Pwy a ŵyr?

Y moduron

Daeth y cyntaf ohonynt, sef y Ford T, tua 1914 a syndod i bawb oedd gweld nad oedd angen ceffyl i dynnu hwn! Ond medraf ddweud hyn: unwaith eu bod ar dir Patagonia roedd angen ceffyl neu ddau i'w tynnu o drwbl yn aml iawn. O'r Unol Daleithiau ac i'r Cop (Cwmni Masnachol y Camwy) y cyrhaeddai'r rhai cyntaf ac erbyn hanner can mlwyddiant y Wladfa roedd rhyw ddeuddeg ohonynt yn cludo pobl o Drelew i'r dathliad swyddogol yn Rawson. Cofiai fy mam eu bod yn gorymdeithio ar hyd y ffordd garegog yn y bore ac yna cario pawb yn ôl yn y prynhawn i Neuadd Dewi Sant i gael te a chyngerdd. Adeiladwyd y Neuadd hon gan y gwladfawyr er cof, parch ac edmygedd i ymdrech eu tadau ddaeth i sefydlu yn y Wladfa.

Nid oedd yn hawdd i bawb gael modur gan fod llawer yn ymdrechu i geisio peiriannau at weithio tir ac injan ddyrnu a weithiai gyda stêm. Wrth weld ambell ffarmwr fyddai'n dreifio ei fodur gellid gweld ei fod wedi gwella'n dda ar ei safle.

Roedd cyfaill i 'nhad wedi newid ei le er gwell pan aeth i'r Andes (Cwm Hyfryd) gyda chriw o deuluoedd eraill i boblogi a chadw anifeiliaid (defaid yn bennaf). Rhyw ddiwrnod, daeth yn ôl am dro i'w hen gartref yn y Dyffryn a phrynodd Ford T yn y Cop. Bu mantais iddo gael eisteddfod ar yr un adeg. Daeth o'r cwrdd nos adref i'r ffarm, yn reit hwyr. Yr un diwrnod roedd dau was iddo wedi cyrraedd o'r Andes gyda wagen a llwyth o wlân arni i fynd i gwrdd â'r trên i Fadryn y dydd canlynol. Wedi siwrnai hir ar ddiwrnod poeth a neb gartref aethant i gysgu yn flinedig dan y wagen. Pan gyrhaeddodd Arthur yn y car at y giât a chodi'r golau i weld y buarth, deffrodd un ohonynt mewn braw wrth glywed y sŵn rhyfeddol a'r fflach yn disgleirio a bloeddiodd wrth ei bartner 'cwyd, Juan, i ni ddengid – mae'r *gwalitso* (y gŵr drwg) wedi dod amdanom!' Nid oeddynt wedi gweld modur erioed a buont am oriau yn cuddio i sicrhau fod popeth yn dawel cyn dychwelyd yn y bore. Adroddsant yn syn yr hanes wrth Arthur ac yntau'n cymryd arno na wyddai am y peth, ond, yn hwyrach, aethant i weld y modur yn y sied er syndod mawr i'r ddau greadur gwyllt o'r paith.

Mae llawer hanesyn diddorol wedi aros ar gof er amser y moduron cyntaf oedd yn mentro trwy lwybrau caregog a llychlyd. Clywais gan Uriena Lewis, sydd bellach yn ei nawdegau, ei stori yn ferch ifanc iawn yn gyrru car Ford A i gario ei modryb a'i hewyrth i Gwm Hyfryd. Yng nghanol y gwastadedd aeth yn sownd mewn tir tywodlyd oedd yn peri trafferth bron i bawb oedd ar daith. Wedi ymdrechu'n ofer i'w gael yn rhydd, doedd dim i'w wneud ond disgwyl tan olau dydd y diwrnod wedyn. Taenu gwlâu yng nghysgod twmpathau uchel i gysgu a deffro yn fore gyda'r gobaith y deuai rhyw greadur heibio gyda cheffyl neu ddau i'w tynnu allan. Pan gododd Uriena, cafodd fraw gan fod neidr yn ffoi oddi tan y dillad gwely a'i dychryn bron i ffit!

Roedd rhyd i groesi afon Camwy am fod hon yn isel yn yr haf. Erbyn amser y moduron gwnaethpwyd pont i groesi a'r gyntaf a gyrhaeddodd o Esquel i'r Dyffryn oedd y fonesig Coni Freeman de Owen yn gyrru modur a hi gafodd y fraint o groesi'n gyntaf y bont newydd yn Nôl y Plu. Roedd hi'n ddynes ddaeth yn enwog am ei gwroldeb i drin ei champ a'r anifeiliaid wedi iddi golli ei phriod yn ifanc a chael ei gadael gyda saith o blant. Hi oedd chwaer ieuengaf Peithgan Freeman, gafodd ei geni ar y paith pan ymfudodd teulu William Freeman a Mary Ann Thomas gydag wyth o blant am yr Andes yn 1891. Cawsant bedwar ar ddeg o blant a Constance (Coni) oedd yr ieuengaf ohonynt.

Ar geffylau neu wageni roeddynt yn trafaelio gan gymryd mis neu fwy i wneud y daith. I fynd â'r defaid cyntaf bu'r drafferth fwyaf i groesi'r afon. Cychwynnodd criw o ddynion ar geffylau i arwain a hefyd wagen i gario bwyd a dillad gwely at y daith o 600 km. Buont fisoedd ar y ffordd. Aros i gneifio, ac aros i dderbyn ŵyn bach. Wrth gyrraedd yr afon mae'r hanes yn dweud bod un o'r dynion wedi sicrhau y medrai basio'r ddiadell trwy'r dŵr ond iddo gael arwain yr hwrdd i gychwyn. Rhoddodd raff am ei wddf a chlymodd y pen arall am ei ganol i ddechrau tynnu, ond siom fu'r profiad gan fod yr hwrdd wedi boddi ar y ffordd cyn cyrraedd y lan! Gallwn ddychmygu pa mor ffraeth fu'r gomedi gan ei gyd deithwyr wedi'r digwyddiad. Diwedd y gân oedd y bu'n rhaid tynnu llawr y wagen a chroesi'r defaid arni bob yn griw ac yna ail fframio'r wagen ar yr ochr arall i ddilyn ymlaen!

Diolch i gof pobl mewn oed yn adrodd neu'n gadael tystiolaeth o'r hyn sydd wedi digwydd wrth deithio yn bell i ymfudo o Ddyffryn Camwy.

Darllenais unwaith ddyddlyfr o'r nodiadau oedd modryb i mi yn ddeunaw oed wedi ei sgwennu ar ei thaith i'r Andes gyda gŵr a gwraig a geneth fach dair oed. Trwy hwn cawn syniad pa mor ddifyr oedd arnynt weithiau a mor ddiflas dro arall i wynebu'r anawsterau a'r peryglon o'u blaen ond gwelwn foddlonrwydd ym mhob amgylchiad.

Mae'r ffordd hon i'r Andes wedi ei phalmantu erbyn hyn ac mae'r daith yn bleserus iawn. Yr ydym yn gweld llawer o fywyd gwyllt, sef ysgyfarnogod, armadulos, gwanacos, sgync, dwcwdwc ac estrysod (sydd yn dianc yn gyflym ac yn gofalu cysgodi eu cywion wrth redeg).

Mynd i'r ysgol

Mae awduron y llyfrau hanes cyntaf, fel Abraham Matthews, Lewis Jones ac eraill yn cyfeirio yn aml at y diddordeb mawr oedd yn ysbryd y tadau am i'r plant gael addysg. Mae esiampl o hynny yn sôn am gynllun Evan Roberts, Parc y Llyn, Bryn Gwyn yn agor cwys gyda'i aradr o'i gartref at ysgol Cefnhir tua 1880, er mwyn i'w blant beidio mynd ar goll yn nrysni'r twmpathau. Mae ei fab hynaf, Edward Morgan Roberts, ddaeth gyda'i rieni o Gymru, wedi gadael penillion teimladwy wrth gofio am 'Y gwys agorodd fy nhad'. Ei ffugenw barddol oedd Llynfab.

Yr oedd cof da gan fy mam am yr amser pan oedd y plant yn mynd i'r ysgol. Roedd ceffyl yn cario tri neu bedwar o blant ar ei gefn ac aml i dad yn magu poni hefyd ar eu cyfer. Llawer o chwaraeon a thriciau oedd yn eu difyrru ar y ffordd ond yn ffodus roedd y ceffylau yn ddof ac amyneddgar. Tyfai'r plant mewn awyrgylch naturiol a diboen ond rhybudd cyson y rhieni oedd iddynt fod yn gyfrifol a pharchus.

Priodasau

Marchogai'r merched a'r bechgyn oedd yn mynd i briodi ar geffyl i Rawson, Trelew neu'r Gaiman, lle roedd yr ynad a berthynai i'r ardal. Byddai'r gwahoddedigion ifainc yn eu canlyn yn yr un modd a byddai fy mam, yn blentyn yng nghwmni plant eraill, yn dringo i le uchel i gyfri faint o fflagiau gwyn oedd yn chwifio uwchben y tai. Os oedd llawer ohonynt roedd yn sicr o fod yn briodas bwysig a'r ardal i gyd yn dymuno'n dda iddynt.

Angladdau

Hefyd adroddai'r hen bobl am lawer angladd yn yr amser gynt lle roedd wagen a thri cheffyl yn cychwyn yn araf, gan gludo'r merched a'r plant.

Ar geffylau, dilynai'r dynion y cynhebrwng a doedd neb yn cyfri maint y ffordd i ddanfon gweddillion rhywun i'r fynwent. Claddwyd rhai ym Moriah, ac eraill yn y Gaiman neu Drelew. Cofiaf i'r ymdaith mewn cerbydau lawer ond y moduron sydd yn cymryd y lle yn awr gydag un pwrpasol i gario'r arch.

Y ffyrdd yn y Wladfa

Mae llawer o ddynion wedi aberthu i agor ffyrdd ar hyd ac ar draws y Wladfa. Allan am wythnosau, byw dan babell neu wersyllu fel yr oedd yn bosibl. Bwyta cig wedi ei rostio (*asado*) ar ddarn o haearn main gyda bara caled. Y cig, pan oedd yn barod, yn crincian rhwng y dannedd oherwydd y llwch a'r tywod oedd yn cael ei chwythu gyda'r gwynt cyson. Medrwn deithio'n awr ar heolydd o balmant, ond mae llawer o'r ardaloedd a'r ffermydd yn disgwyl am welliant. Oherwydd y sychder parhaol sydd yn ein pryderu'n aml, fel yn 2007 pan fu misoedd heb law, mae'r llwybrau'n dal yn llychlyd ond mae pawb yn teithio yn naturiol fel arfer. Yn ffodus, mae'r prif ffyrdd sydd yn croesi'r paith ac yn arwain allan o'r Wladfa wedi eu palmantu ac mae llawer o dwristiaid ac ymwelwyr yn dod i weld rhyfeddodau Patagonia.

Mae'r gystadleuaeth hon yn rhoi cyfle i ni ysgrifennu o safbwynt hanesyddol a gallaf ddweud bod gennyf yn bersonol brofiadau hael am deithio yn y Wladfa. Pan oeddwn yn blentyn bach gwnes deithiau lawer gyda fy rhieni mewn cerbyd a cheffyl. Mynd am dro i weld ffrindiau neu ar neges. Yn selog i'r Capel a'r Band of Hope neu gyrddau eraill. Pan oeddwn yn hŷn canlynwn fy nhad yn y wagen neu'r drol. Amser ysgol, reidio ar geffyl neu ar fy nhraed. Cefais lawer cyfle i fynd mewn moduron, ac mewn trên, yr hyn oedd wrth fy modd. Pan deithiwn tua'r gogledd yn eneth ifanc, rhaid oedd cymryd y bws ac wedyn y trên at ddiwedd y ffordd. Pan oeddwn yn gweithio bu angen teithio weithiau gyda lori, ac ar fy ngwyliau cefais fynd mewn awyren, a dyna sydd yn hwylus yn awr i fedru cyrraedd mewn byr amser. Ni chefais gyfle i fynd mewn llong erioed. Mae'n sicr fy mod wedi tasgu miloedd o gerrig wrth yrru modur ond nid wyf yn hoff o yrru. Gwell gennyf gael fy nghario erbyn heddiw. Lawer gwaith teithiais o'r Dyffryn i Comodoro Rivadavia, ardal yr olew, gan fod fy rhieni wedi ymfudo yno. Nid oedd palmant yn y dyddiau hynny a'r ffordd yn hir a blinedig. Cymylau o lwch a gwastadedd y paith yn ymestyn 400 km. Y planhigion naturiol yn isel gyda dail caled, pigog i arbed yr ychydig damprwydd sydd wrth eu gwreiddiau. Gwelwn, wrth fynd heibio, anifeiliaid gwyllt yn dianc i ffwrdd wrth glywed y bws. Cyrraedd i le diarth iawn gyda llawer o beiriannau yn symud i godi'r olew. Roedd yno ddigon o waith a buan iawn y cynyddodd y boblogaeth pan ddaeth llawer o ymfudwyr o Ewrop wedi'r Rhyfel i gymryd gorchwylion i gynnal eu teuluoedd.

Cefais ran o'r ysgol gynradd yma a mantais i gael addysg uwch ond roedd angen teithio am y gogledd i gyfeiriad y brifddinas, Buenos Aires. Wedi gorffen, cefais waith yn agos i'r Andes a dyna ddechrau teithio ar hyd heolydd llychlyd y paith eto. Gweithio fel athrawes am bum mlynedd mewn ysgol gynradd unig a'r tymor yn ymestyn o fis Awst hyd fis Mai, sef y gwanwyn a'r haf, a chael gwyliau yn ystod y gaeaf. Yma, un tro, cefais siwrnai mewn *catango*, trol o goed gyda dwy olwyn fawr yn cael ei thynnu'n araf gan ychen a dyn yn ei harwain gyda ffon hir yn ei law. Mae llawer o'r brodorion yn defnyddio'r *catango* i fynd i hel coed yn y coedwigoedd sydd ar y mynyddoedd. Cariai lwyth ohonynt at eu hiws neu i'w gwerthu.

Mewn bws yr oeddwn yn teithio ac yn cymryd bron i ddau ddiwrnod o'r môr i fyny am yr Andes. Yn ystod y siwrne roedd y bws yn codi pobl gyffredin o'r paith hyd y dref gyfagos. Os oedd yn dywyll roedd y teithiwr yn cynnau tân bach ar ymyl y ffordd i roi rhybudd i'r gyrrwr. Ambell waith dim ond disgwyl i anfon llythyr neu barsel oeddynt, a'r gyriedydd yn barod i wneud y gymwynas a chario yn ôl hynny roedd ei angen. Cyrraedd y gwesty i gael pryd o fwyd a gwely i ddadflino ond hoffwn weld y ffordd nodedig o fyw oedd o gwmpas. Gwisg arferol y dynion oedd trowsus llydan a strapen o wlân o wahanol liwiau wedi ei gweithio gan y brodorion i'w rhwymo am ei ganol. Hances am ei wddf a phâr o fwtsias neu esgidiau o ddefnydd cryf gyda gwadnau wedi eu rhaffu (*alpargatas*) yn yr haf. Ar ei ysgwyddau cariai *poncho* o wlân, eto wedi ei weithio a'u weu yn gain.

Wedi'r swper cymerai un ohonynt y gitâr neu'r cordian i ddifyrru'r bobl o'r camp oedd ar dro yno neu hefyd y teithwyr oedd ar eu ffordd.

Ymlaen â ni am bron i ddiwrnod arall ac wedi i mi ddisgyn mewn tref fechan âi'r bws ymlaen am Esquel.

Teithio yn ôl yng nghanol y gaeaf oedd yn galed. Nid oedd cynhesrwydd yn y bysiau yr adeg honno a felly roeddym yn cychwyn gyda photel rwber gyda dŵr poeth ynddi. Os oedd trwch o eira, araf iawn oedd y daith a gofal mawr gymerai'r gyrrwr i ddreifio. Basg oedd hwn a nid oedd llawer o amynedd ganddo. Roedd ei fywyd wedi bod yn galed gan ei fod wedi byw amser y rhyfel yn Sbaen ac wedi medru ffoi trwy nofio rhai milltiroedd yn y Môr Canol gyda phartner arall. Cymerai arno ei fod yn feistr ar bob gwaith ond trwy ei fod yn benderfynol neu yn 'ben galed' fel y'i galwyd yn y wlad yma, mentrai groesi afonydd bychain ar y ffordd. Un tro, rhybuddiwyd ef i beidio mynd dros afon Apeleg gan ei bod yn cario llawer o ddŵr ond ymlaen aeth y Vasco a mynd yn sownd yn y canol. Gyda'r nos yr oedd rhew yn llifo yn y dŵr a hwnnw yn codi wrth gael ei atal gan y bws. Erbyn y bore, roeddym i gyd ar ein gliniau yn y seti ac wrth weld y perygl yn cynyddu aeth dau ddyn allan trwy'r ffenestr, nofio i'r lan a dechrau rhedeg yn gyflym i gyrraedd *estancia* oedd rhyw fil o fitars yn ôl. Ddiwedd y prynhawn, daeth gwedd o geffylau i'n tynnu yn ôl nes i'r modur fynd yn sownd yn y mwd ar ochr y ffordd ac yno y cafodd ei adael tan y diwrnod canlynol. Ninnau yn rhedeg am y tŷ a'n bysedd yn rhewi ac yn brifo yn eithriadol, ond daethom atom ein hunain o flaen coelcerth o dân. Wedi ailgychwyn buom agos i bum diwrnod ar y ffordd i gyrraedd adref heb fedru hysbysu'r teulu i wybod beth oedd ein hynt.

Mae hanes lawer i'w gael am ddigwyddiadau o'r fath ar hyd can mlynedd cyntaf y Wladfa. Ond credaf fod llawer mwy o ddamweiniau yn digwydd heddiw gyda'r moduron modern ar ffyrdd cyfforddus. Brys a chyflymder gyda diffyg gofal sydd yn peri digwyddiadau annisgwyl. Rhaid symud ymlaen gyda'r amser ac felly estynnaf wahoddiad i'r darllenwyr: Dewch am daith i'r Wladfa. Bydd croeso cynnes! A dewch â theithlyfr defnyddiol Miss Cathrin Williams yn eich poced!

GEIRFA

25 de mayo	25 o Fai
9 de julio	9 o Orffennaf
acueducto	traphont ddŵr
agua y energía	dŵr a thrydan
aljibe	tanc dŵr
asado	cig wedi ei goginio ar ffrâm haearn o flaen y tân
barba de chivo	barf yr afr, sef y blodyn caesalpinia gilliesii
camiones	loriau
capicúa	palindrom
Casa Nuevo	Tŷ Newydd – siop gwerthu defnyddiau
casas de te	tai te
centímetro	centimedr
cesárea	genedigaeth Gesaraidd
chorizos	selsig Sbaenaidd
colectivo	bws
corral	corlan
difunta Correa	y ddiweddar Sra Correa
doble pechuga	brest ddwbl cyw iâr neu ryw aderyn arall
estancia	ffarm fawr
faros	goleudai
fiambre primavera	bwyd oer y gwanwyn
fideos	spageti
Gimnasio Municipal	campfa ddinesig
golfo	bae, gwlff
gorrión	aderyn y to
Gral.(general)	cadfridog
guanaco	un o deulu'r llama
hijos de Dios	meibion Duw

homeopatía	homeopathi
Importadora y Exportadora	mewnforiwr ac allforiwr
kerosene	paraffin
La ociosidad es la madre de todos los vicios	Segurdod yw mam pob drygioni
mal de ojo	llygad drwg (fel y Saesneg, evil eye)
meseta	gwastatir uchel
Norwegos	pobl Norwy
petróleo	olew
picadas	rhywbeth wedi ei falu'n fân–yma, cerrig y ffordd
piche	armadillo bach
plaqueta	plât neu blac
políticos	gwleidyddion
poncho de los pobres	clogyn y tlodion
poncho	clogyn traddodiadol o Dde America
posguerra	wedi'r rhyfel
Presidente	arlywydd
próceres	gwroniaid (yn Ariannin fe'i defnyddir i gyfeirio at arweinwyr yr ymgyrch dros annibyniaeth a llywodraethwyr a chadfridogion blynyddoedd cynnar y wladwriaeth)
progreso	cynnydd
Sociedad Anónima	cymdeithas gyfyngedig
Suizos	pobl Yswistir
tallarines	spageti
tamarisco	coed tamarisg
testigos de Jehová	tystion Jehova
tía	modryb
torta galesa	teisen Gymreig

torta típica galesa	*teisen nodweddiadol Gymreig*
tortilla	*math o omlet*
vagoneta	*wagen fach*
Valle Hermoso.	*Dyffryn Prydferth*
Vascos	*pobl o Wlad y Basg*
voluntarios	*milwyr gwirfoddol*
yerba	*dail ar gyfer gwneud mate*